Anne Iburg • Yu-Mi Lee • Prof. Dr. med. Hans Hauner

Für Diabetiker
Backen süß und pikant

FALKEN

Vorwort

Der Diabetes mellitus (die Zuckerkrankheit) ist in Deutschland eine Volkskrankheit. Rund 5 Millionen Bundesbürger werden wegen eines Diabetes behandelt, viele andere leiden an dieser Erkrankung ohne davon zu wissen. Bei den meisten Betroffenen liegt ein so genannter Typ 2-Diabetes vor. Bei diesen Personen kommt es vor allem infolge einer falschen Ernährung, durch Übergewicht und zu wenig Bewegung zur Zuckerkrankheit. Wenn die Ursachen beseitigt werden können, bessern sich die Blutzuckerwerte und lassen sich oft sogar ohne Medikamente gut einstellen.

In der Behandlung des Diabetes spielt die richtige Ernährung eine wichtige Rolle, ja sie entscheidet sogar über den Behandlungserfolg. Erfreulicherweise gibt es in der Diabeteskost heute keine strengen Verbote mehr. Sie entspricht im Grunde einer gesunden Ernährung, die jedem Menschen empfohlen werden kann. Das schließt den Genuss von Kuchen und Gebäck mit ein.

Wer immer die Kuchen seiner Mutter mit Wonne genossen hat und darauf nicht verzichten will, steht als Diabetiker vor einem Problem. Am einfachsten ist es dann, in eine Konditorei zu gehen und sich dort ein Stück »Diabetikertorte« zu besorgen. Die Angebote sind aber oft sehr fett, die Angaben nicht immer zuverlässig und – überhaupt – der Geschmack lässt häufig zu wünschen übrig.

Dabei spricht heute nichts mehr dagegen, sich auch als Diabetiker einen leckeren Kuchen selbst zu backen. Dieses Kochbuch enthält eine Reihe vorzüglicher Backrezepte, sodass es Ihnen sicher wieder Spaß machen wird, selbst ans Werk zu gehen. Dabei brauchen Sie nicht zu befürchten, mit Ihrem Ernährungsplan in Konflikt zu kommen. Alle Rezepte sind so abgestimmt, dass sie die Anforderungen einer modernen Diabeteskost erfüllen.

Letztlich ist es immer eine Frage der Menge. Deshalb noch ein Tipp: Teilen Sie Ihren Kuchen in kleine Stücke und frieren Sie diese ein. Dann laufen Sie am wenigsten Gefahr, sich von diesen Köstlichkeiten übermäßig verführen zu lassen und können lange davon zehren.

Prof. Dr. med. Hans Hauner

Inhalt

Zum Krankheitsbild

Insulin – das Schlüsselhormon

Der Begriff »Diabetes mellitus« stammt aus dem Griechischen und bedeutet »honigsüßer Durchfluss«. Es handelt sich dabei um eine Stoffwechselerkrankung, bei der entweder nicht genügend eigenes Insulin gebildet wird (Diabetes Typ 1) oder das ausreichend vorhandene Insulin nicht schnell genug freigesetzt werden kann bzw. an den Zielgeweben Muskel, Leber und Fettgewebe nicht richtig wirkt (Diabetes Typ 2).

Der Körper benötigt das Hormon Insulin, um damit wie mit einem Schlüssel die Türen der Körperzellen zu öffnen und Zucker aus dem Blut einzuschleusen. Der Zucker dient den Zellen als Energiequelle und wird dort verbrannt. Bei Diabetikern fehlt also entweder der Schlüssel ganz, oder er kann die Tür nicht aufsperren. Als Folge steigt der Zucker im Blut an und kann Symptome wie starkes Wasserlassen, Durstgefühl und Müdigkeit verursachen. Bei dauerhaft erhöhten Blutzuckerwerten können sich auch Spätfolgen wie Nierenschäden oder Durchblutungsstörungen einstellen.

Typ 1-Diabetes

Der Typ 1-Diabetes tritt oft schon im Kindes- und Jugendalter auf, bei mindestens zwei Dritteln der Patienten noch vor dem 35. Lebensjahr. Hier kommt es durch eine Störung des Immunsystems zum Untergang der Insulin produzierenden Zellen in der Bauchspeicheldrüse. Die Bauchspeicheldrüse ist damit nicht mehr in der Lage, Insulin herzustellen. Das fehlende Hormon muss ersetzt, also regelmäßig von außen zugeführt werden. Eine Insulintherapie ist daher beim Typ 1-Diabetiker das ganze Leben lang erforderlich.

Viele Diabetiker sind verunsichert, wenn sie von ihrer Krankheit erfahren. Das ist verständlich. Doch die Diagnose Diabetes muss nicht zum Verlust von Lebensqualität führen. Sie selbst können viel tun, wenn Sie beginnen, ausgewogener zu essen und sich mehr zu bewegen.

Ob ganz oder in Stücken – Äpfel sind ideal für zwischendurch.

Kartoffeln am besten in der Schale kochen, das schont empfindliche Vitamine und Mineralstoffe.

Knackiges Gemüse und frisches Obst schmecken nicht nur köstlich, sie bringen auch Farbe und Abwechslung auf den Tisch. Sie versorgen uns außerdem mit vielen wertvollen Vitaminen, Mineral- und Pflanzenstoffen, die fit machen und die Abwehrkräfte steigern. Deshalb täglich genießen.

Typ 2-Diabetes

Im Gegensatz zum Typ 1-Diabetes tritt der Typ 2-Diabetes bei weitem häufiger auf. In der Regel beginnt er schleichend nach dem 35. Lebensjahr. Hier sieht es ganz anders aus, denn der Körper ist durchaus noch in der Lage, eigenes Insulin zu produzieren. Doch dieses kann nach einer Mahlzeit entweder nicht bedarfsgerecht freigesetzt werden, oder aber das Hormon wirkt nicht richtig. In beiden Fällen kann der Zucker nicht in ausreichendem Maße aus dem Blut in die Zellen geschleust werden. Die Zellen müssen sozusagen »verhungern«, obwohl eigentlich genug Zucker im Blut vorhanden ist. Dieses Phänomen der gestörten Insulinempfindlichkeit wird von Fachleuten als Insulinresistenz bezeichnet.

Typ 2-Diabetes kann in diesem frühen Stadium gut mit einer richtigen Ernährung und ausreichend Bewegung behandelt werden. Wird dies allerdings versäumt, kommt es auf Dauer zu einer Überbeanspruchung der Bauchspeicheldrüse: Denn um der mangelnden Wirkung des Insulins entgegenzuarbeiten, wird von der Bauchspeicheldrüse immer mehr Insulin ausgeschüttet, um den Blutzucker zu senken. Diese Überbeanspruchung kann dazu führen, dass sich die Insulinproduktion erschöpft. Je nach Schweregrad des Insulinmangels muss dann mit Medikamenten oder Insulin behandelt werden.

Diabetes und Übergewicht

80–90 % der Typ 2-Diabetiker sind übergewichtig. Wenn Sie zu dieser Gruppe gehören, sollten Sie sich zum obersten Ziel machen, zumindest einen Teil Ihres Übergewichts abzubauen. Überernährung, Übergewicht und Bewegungsmangel verstärken die Insulinresistenz oder lösen sie sogar aus. Jedes Pfund, das Sie an Gewicht verlieren, verbessert dagegen die Insulinwirkung und verzögert oder verhindert die Behandlung mit Medikamenten.

Muss ich abnehmen?

Eine einfache Methode zur Einschätzung des Körpergewichts ist der so genannte Body Mass Index (BMI). Der BMI errechnet sich aus dem Körpergewicht in Kilogramm geteilt durch die Körpergröße in Meter zum Quadrat.

Mithilfe des Diagramms auf der hinteren Umschlaginnenseite können Sie Ihren BMI ganz leicht selbst bestimmen. Liegt er zwischen 18,5 und 25, sind Sie normalgewichtig. Bei einem BMI bis 30 gilt man als übergewichtig und bei über 30 spricht man von deutlichem Übergewicht bzw. Adipositas.

Langsam abnehmen – auf Diäten verzichten

Gewiss – Abnehmen ist nicht einfach, aber auch nicht unmöglich. Wichtigste Ansatzpunkte sind eine fettarme Ernährung und mehr körperliche Bewegung.

Natürlich geht das Abnehmen nicht von heute auf morgen. Lassen Sie sich Zeit und verlieren Sie nicht den Mut! Schließlich wollen Sie Ihr Essverhalten ändern, an das Sie sich schon seit Jahren, wenn nicht gar Jahrzehnten gewöhnt haben. Verzichten Sie unbedingt auf Hungerkuren und einseitige Diäten. Sie werden damit zwar kurzfristig abnehmen, aber sobald Sie aufhören, steigt Ihr Gewicht schnell wieder an. Viele nehmen nach solchen Gewaltkuren sogar mehr an Gewicht zu als sie zuvor hatten.

Übergewicht abbauen – ein wichtiger Schritt für die meist übergewichtigen Typ 2-Diabetiker. Nur so kann der Diabetes optimal eingestellt und Spätfolgen so weit wie möglich vermieden werden.

Tomaten: Kalorienarm und vielseitig zu verwenden.

Vollkornbrot mit Quark und Kräutern schmeckt auch ohne Streichfett. ▶

Die Fettgehalte in Wurst, Käse, Schokolade oder Nüssen werden leicht unterschätzt. Da hilft nur, Packungsaufschriften studieren und evtl. eine Kalorientabelle zur Hand nehmen.

Beim Fett sparen

Was die Ernährung betrifft, lautet der erste Tipp für übergewichtige Typ 2-Diabetiker, so sparsam wie irgend möglich mit Fett umzugehen. Denn 1 Gramm Fett liefert ganze 9,3 Kilokalorien, während 1 Gramm Kohlenhydrate oder Eiweiße lediglich 4,1 Kilokalorien enthalten. Eine fettarme Ernährung ist daher fast immer auch kalorienarm.

Sparen sollten Sie zunächst einmal beim sichtbaren Fett, z. B. indem Sie Butter oder Margarine nur ganz dünn aufs Brot streichen oder Fett beim Kochen sparsam einsetzen. Achten Sie aber auch auf die »versteckten« Fette z. B. in Wurst, Käse oder Schokolade. Sie sollten fettärmere Wurst- und Käsesorten aussuchen, etwa Geflügelwurst oder Schinken ohne Fettrand.

Viel Gemüse, Obst und Vollkorn

Für alle, die abnehmen wollen, hat eine Kost, die reichlich Gemüse, Hülsenfrüchte, Vollkornprodukte und Obst enthält unschätzbare Vorzüge: Sie ist nicht nur reich an Vitaminen, sondern auch an Ballaststoffen, die im Darm aufquellen, da sie viel Flüssigkeit binden. Das verleiht ein lang anhaltendes Sättigungsgefühl bei gleichzeitig geringer Energieaufnahme, denn Ballaststoffe liefern so gut wie keine Kalorien.

Die richtige Ernährung

Die richtige Ernährung für Diabetiker ist eine gesunde, ausgewogene und vollwertige Mischkost, wie sie auch jedem Nicht-Diabetiker empfohlen wird. Als Diabetiker müssen Sie nur zusätzlich darauf achten, dass Sie Medikamente und Mahlzeiten aufeinander abstimmen und dass Sie – auch wenn Sie abnehmen möchten – immer wenigstens 3 Mahlzeiten am Tag einnehmen.

Der Essensplan eines Diabetikers ist heute keine spezielle Diät mehr, sondern folgt den Regeln einer gesunden, ausgewogenen und vollwertigen Ernährung, die auch für Nicht-Diabetiker empfehlenswert ist.

Reichlich Kohlenhydrate auf den Teller

Kohlenhydrate sind wichtige Energielieferanten. Sie sind hauptsächlich in pflanzlichen Lebensmitteln enthalten. Etwa die Hälfte des täglichen Kalorienbedarfs sollte durch Kohlenhydrate gedeckt werden. Bei einem Tagesbedarf von 2000 Kilokalorien entspricht das 250–300 Gramm Kohlenhydraten. Sie können sich also mit reichlich Gemüse, Hülsenfrüchten, Kartoffeln, Getreideprodukten und Obst relativ satt essen.

Zur besseren Einschätzung des Kohlenhydratgehalts ihrer Mahlzeiten können Sie mit Kohlenhydratportionen (KH-P) rechnen. Ein Muss ist das aber nur für diejenigen, die Insulin spritzen oder Sulfonylharnstoffe nehmen. 1 KH-P entspricht 10 bis 12 Gramm Kohlenhydraten, womit diese Einheit im Grunde gleichbedeutend ist mit der alten »Broteinheit« (BE). Es werden verschiedene Kohlenhydrat-Tabellen angeboten, mit deren Hilfe Sie die gewünschten Kohlenhydratmengen gut abschätzen können.

Ballaststoffe – alles andere als Ballast

Auch die Ballaststoffe gehören zur Gruppe der Kohlenhydrate. Sie sättigen nicht nur gut, sondern tragen auch dazu bei, dass der Blutzuckerspiegel nicht zu schnell und zu stark ansteigt, denn aus ballaststoffreichen Lebensmitteln wird der Zucker nur langsam herausgelöst. Mehr Vollkornbrot, Naturreis und Gemüse sorgen so für ein ausgeglichenes Blutzuckerprofil.

Butter, Margarine oder Öl? Beim Fett entscheidend sind Menge und Zusammensetzung.

◀ Lebensmittel zum Sattessen – am besten aus Vollkorn.

Auf die Fettqualität kommt es an

Nicht allein die Menge ist beim Fett entscheidend, es kommt auch auf die Zusammensetzung an. Pflanzliche Öle und Fette sind grundsätzlich günstiger zu bewerten als tierische. Daneben ist zwischen gesättigten, einfach ungesättigten und mehrfach ungesättigten Fettsäuren zu unterscheiden. Je nach ihrem Anteil hat das jeweilige Fett eine eher harte oder eine flüssige Konsistenz.

Tierische Fette und feste Pflanzenfette wie Kokosfett enthalten viele gesättigte Fettsäuren. Sie sollten nur in geringen Mengen verzehrt werden, da gesättigte Fettsäuren den Cholesterinspiegel im Blut erhöhen, wodurch das Risiko für Herz-Kreislauf-Erkrankungen steigt. Der Anteil an gesättigten Fettsäuren sollte deshalb unter 10% der Gesamtkalorien bleiben.

Pflanzliche Öle enthalten dagegen reichlich ungesättigte Fettsäuren und sind damit flüssig. Sie sollten bevorzugt eingesetzt werden, da sie den Fettstoffwechsel günstig beeinflussen. Besonders vorteilhaft sind Oliven- und Rapsöl, da diese einen hohen Gehalt an einfach ungesättigten Fettsäuren aufweisen. Öle mit einem hohen Gehalt an mehrfach ungesättigten Fettsäuren wie Keimöl oder Sonnenblumenöl können ebenfalls verwendet werden. Beachten Sie aber, dass ungesättigte Fettsäuren ebenso viele Kalorien enthalten wie gesättigte und Sie deshalb auch mit diesen sparsam umgehen sollten, wenn Sie Übergewicht haben.

Verschiedene Öle und ihre Zusammensetzung

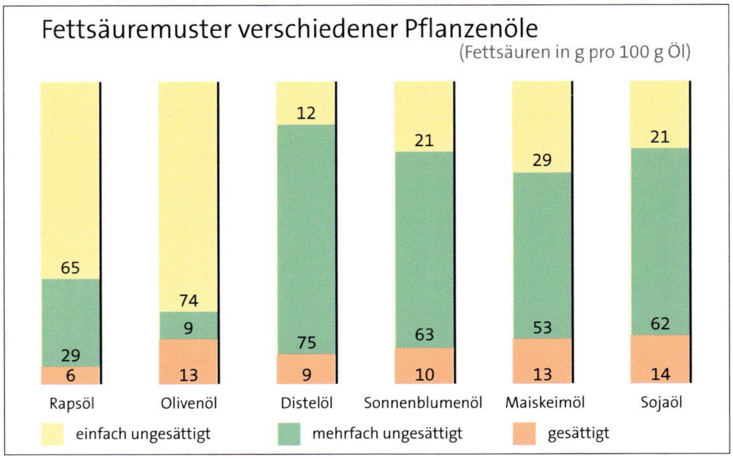

Eiweiß – Maß halten ist gerade richtig

Eiweiß liefert dem Körper vor allem Baumaterial für die Zellen. Viele pflanzliche Produkte, z. B. Hülsenfrüchte, Getreide und Kartoffeln, enthalten nennenswerte Mengen an Eiweiß. Die wichtigsten Eiweißlieferanten sind aber tierische Lebensmittel. Mit Fleisch, Wurst, Käse und Eiern verzehren wir leider gleichzeitig auch hohe Mengen an gesättigten Fettsäuren und Cholesterin. Genießen Sie diese Lebensmittel deshalb in Maßen. Seefisch sollten Sie aber öfter essen. Er liefert neben wertvollem Eiweiß auch Jod, das viele Stoffwechselvorgänge reguliert, sowie mehrfach ungesättigte Omega-3-Fettsäuren, die unter anderem den Fettstoffwechsel verbessern.

Trinken – was, wann, wie viel?

Ein gesunder Mensch kann zwar wochenlang ohne Essen überleben, aber nur wenige Tage ohne Flüssigkeit – das zeigt, wie wichtig eine ausreichende Flüssigkeitszufuhr ist. Doch viele Menschen vergessen einfach, genug zu trinken, nicht zuletzt auch, weil mit zunehmendem Alter das Durstgefühl nachlässt. Wasser wird für lebensnotwendige Abläufe gebraucht, z. B. für den Transport von Energie in die Zellen, die Energieverwertung, den Abtransport von Abfallprodukten sowie die Regelung der Körpertemperatur. Achten Sie daher stets darauf, täglich etwa 2 Liter Flüssigkeit zu trinken – am besten in Form von Mineralwasser, Früchte- und Kräutertees sowie verdünnten Fruchtsäften. Wenn Sie Cola oder Limonade trinken wollen, sollten Sie sich auf süßstoffgesüßte Sorten beschränken.

Alkoholische Getränke zählen zwar nicht zur Trinkmenge, für viele gehören sie aber ab und an dazu. Entsprechend den Empfehlungen für eine allgemein gesunde Lebensweise sollten auch Diabetiker Alkohol nur in geringen Mengen trinken: 1–2 kleine Gläschen trockener Wein oder Bier zum Essen sind erlaubt. Wer mit Insulin oder blutzuckersenkenden Medikamenten (Sulfonylharnstoffen) behandelt wird, sollte Alkoholisches jedoch nur in Verbindung mit kohlenhydrathaltigen Mahlzeiten einnehmen, da sonst die Gefahr einer Unterzuckerung besteht. Beachten Sie auch, dass Alkohol viele zusätzliche Kalorien liefert (1 Gramm Alkohol enthält 7 Kilokalorien).

Auch Bewegung ist wichtig. Sie hilft beim Abnehmen und verbessert zusätzlich die Insulinwirkung. Werden Sie deshalb aktiv und gehen, wandern oder schwimmen Sie. Viel Spaß macht Bewegung auch in einer Gruppe von Gleichgesinnten.

Mit Mineralwasser verdünnte Fruchtsäfte schmecken besonders erfrischend.

Etwas Zucker zum Süßen von Speisen ist heute erlaubt.

Diabetikerprodukte werden nicht mehr empfohlen. Essen Sie stattdessen »normale« Produkte, wenn Sie einmal Lust auf Süßes haben. Diese kosten meist weniger und schmecken auch besser – trotzdem nur selten und in kleinen Mengen genießen.

Schlechte Noten für Diabetikerprodukte

Obwohl Diabetikerprodukte die Aufschrift »für Diabetiker geeignet« tragen, können sie nicht empfohlen werden. Sie enthalten oftmals große Fettmengen und dementsprechend viele Kalorien. Die hohen Preise von Diabetikerprodukten sind ein Grund mehr, sie im Regal stehen zu lassen.

Zucker, Zuckeraustauschstoffe, Süßstoffe

Zucker ist für Diabetiker nicht mehr grundsätzlich verboten, bis zu 30–50 Gramm am Tag können ohne Probleme verzehrt werden. Der Zucker sollte allerdings in Mahlzeiten »verpackt« sein.

Zuckeraustauschstoffe lassen zwar die Blutzuckerwerte nicht ganz so rasch ansteigen, haben aber ebenso viele (Fruchtzucker/Fruktose) oder fast so viele (Sorbit, Xylit, Lactit, Mannit, Isomalt) Kalorien wie Haushaltszucker. Außerdem können sie bei größeren Mengen Verdauungsbeschwerden auslösen. Daher werden Zuckeraustauschstoffe inzwischen nicht mehr empfohlen. Wer beim Süßen Kalorien und Kohlenhydrate sparen möchte, sollte Süßstoffe verwenden. Die bekanntesten sind Saccharin, Cyclamat, Aspartam und Acesulfam-K. Sie sind kalorienfrei und in jeder Hinsicht unbedenklich (einzige Ausnahme: Kein Aspartam bei Phenylketonurie).

Selbstgebackenes für Diabetiker

Selbst backen – lecker und für Diabetiker geeignet, geht das überhaupt? Klar, und Ihre Diabetikerkuchen werden so gut schmecken, dass Sie diese auch Nicht-Diabetikern anbieten können – ohne dass sie auf die Idee kämen, dass es sich dabei um speziell für Diabetiker gebackene Kuchen handelt.

Denn in der modernen Diabetes-Ernährung ist Zucker in kleinen Mengen erlaubt. Das Süßen mit großen Mengen von Fruchtzucker, Sorbit und anderen Zuckeraustauschstoffen ist dagegen überholt. Gerade diese Süßungsmittel führten in der Vergangenheit oft zu kulinarisch wenig überzeugenden Ergebnissen, denn sie lassen Kekse und Kuchen schnell weich werden und geben ihnen einen stumpfen Geschmack. Durch die Kombination von Zucker mit Süßstoff und geringen Mengen Zuckeraustauschstoffen, ist dieses Problem vom Tisch.

Diabetikerkuchen – darauf kommt es an

Kuchen für Diabetiker sollte vor allem nicht zu fettreich sein. Biskuit-, Brand- und Hefeteige sind grundsätzlich eher fettarm und sollten daher fettreichen Kuchen, etwa aus Blätterteig, vorgezogen werden. Dunklen Mehlen mit hohem Ausmahlungsgrad ist der Vorzug gegenüber Weißmehl zu geben. Als Süßungsmittel können kleine Mengen normaler Zucker oder auch alternative Süßungsmittel wie Honig oder Sirup verwendet werden. Und wenn es der Kuchenteig zulässt, kann ein Teil der Süßkraft auch durch die Zugabe von kalorienfreiem Süßstoff hergestellt werden.

Sämtliche Rezepte in diesem Buch sind nach diesen Kriterien entwickelt worden. Wenn Sie mit diesen durchs Nachbacken ein bisschen Praxiserfahrung gesammelt haben, werden Sie bald auch normale Rezepte gelingsicher in diabetestaugliche umwandeln können.

Ein wesentlicher Vorteil beim Selberbacken ist, dass Sie selbst bestimmen, was in den Kuchen kommt.
Halten Sie bei den fetthaltigen Geschmackszutaten Maß, und verwenden Sie Diätmargarine als Backfett, das versorgt Sie mit gesunden ungesättigten Fettsäuren.

Gewürze, Trockenfrüchte, Mandeln und Nüsse geben dem Kuchen erst das gewisse Etwas.

Das richtige Backfett

Sicherlich sind Ihnen die immer wiederkehrenden Diskussionen darüber, ob nun Butter oder Margarine gesünder ist, nicht entgangen. In diesem Buch wird mit Diätmargarine gebacken. Damit ist keine Halbfettmargarine gemeint, sondern eine Margarine mit einem besonders günstigen Fettsäuremuster. Diese Margarinen haben in der Regel einen hohen Anteil an mehrfach ungesättigten Fettsäuren, was auf der Verpackung folgendermaßen ausgewiesen ist: »reich an mehrfach ungesättigten Fettsäuren« oder »ungesättigte Fettsäuren > 50 %«. Die Fette sollten außerdem möglichst nicht gehärtet sein (wenn sie gehärtet sind, steht das ebenfalls auf der Verpackung).

Anstelle von Margarine wird in den Rezepten auch oft Öl verwendet. Geben Sie hier Rapsöl den Vorzug, da dieses reich an Ölsäure ist. Ölsäure ist eine einfach ungesättigte Fettsäure, die den Blutcholesterinspiegel ebenfalls positiv beeinflusst.

Augen auf beim versteckten Fett

Neben diesem sichtbaren Fett geben Sie aber oft auch so genannte versteckte Fette in Form von Schokolade oder Nüssen in den Kuchen. Dabei sollten Sie bedenken, dass Kokosflocken und Schokolade v. a. gesättigte Fettsäuren enthalten und daher nur sparsam verwendet werden sollten. Hasel- und Walnüsse, Mandeln und Pistazien haben dagegen ein relativ günstiges Fettsäuremuster. Insgesamt gilt jedoch auch hier: In großen Mengen ist Fett – auch wenn es sich um hochwertige Fettsäuren handelt – in der Diabetes-Kost nicht erwünscht.

Tipps zum kalorienarmen Backen

Verwenden Sie generell fettarme Milch und fettarmen Joghurt. Ebenfalls gut einsetzen lässt sich auch Magerquark (statt fettreicherer Quarksorten) und Buttermilch, insbesondere für pikantes Gebäck.

Wenn mit Obstkonserven gebacken wird, wählen Sie stets kalorienverminderte, mit Süßstoff gesüßte Produkte. Beachten Sie, dass auf mancher Obstkonserve »ohne Zuckerzusatz« steht. Aus der Zutatenliste können Sie jedoch entnehmen, dass Birnendicksaft und Fruchtsaft den Zucker ersetzen und keine Kalorien gespart werden.

Alles Gute aus dem Korn

Bestimmt ist Ihnen bekannt, dass Vollkornmehl wesentlich gesünder ist als weißes Mehl der Type 405. Denn: Je höher die Typenzahl, umso mehr Ballaststoffe und B-Vitamine enthält das Mehl. Vollkornmehl hat den höchsten Ballaststoff- und B-Vitamin-Gehalt. Es hat übrigens keine Typenbezeichnung, auf der Packung steht nur »Vollkornmehl«. Sie können es bereits gemahlen kaufen, oder aber Sie lassen sich im Reformhaus Weizenkörner frisch zu Mehl mahlen.

Schrittweise zum Vollkornkuchen

Trotz des Wissens um den hohen Gesundheitswert von Vollkornmehl fällt es vielen schwer, sich von der Gewohnheit, mit Weißmehl zu backen, zu trennen. Steigen Sie deshalb langsam um. Mehl der Type 550 ist schon ein bisschen gesünder als das herkömmliche Weizenmehl. Geschmacklich und äußerlich werden Sie im Vergleich zum Weißmehl keinen Unterschied feststellen. Nachdem Sie dies eingesetzt haben, versuchen Sie es mal mit dem dunklen Weizenmehl Type 1050. Dieses Mehl lässt den Kuchen schon etwas dunkler und reicher an guten Inhaltsstoffen werden, jedoch werden Sie überrascht sein, dass sich geschmacklich noch gar nicht viel verändert hat. Nun ist es nur noch ein kleiner Schritt hin zum Vollkornmehl, und mit der Zeit werden Sie den Unterschied zwischen hellem und dunklem Mehl gar nicht mehr als unangenehm wahrnehmen – im Gegenteil, Sie werden den volleren Geschmack nicht mehr missen wollen.

Sie können auch ohne weiteres ein bisschen experimentieren und verschiedene Mehltypen mischen. Die in den Rezepten angegebenen Mehlsorten lassen sich in der Regel problemlos untereinander austauschen. Falls Ihnen dann einmal ein Rühr- oder Hefeteig sehr fest wird, was bei der Verwendung von Vollkornmehl nicht ungewöhnlich ist – dieses Mehl kann einfach mehr Flüssigkeit aufnehmen – geben Sie noch ein bisschen fettarme Milch hinzu. Es ist ganz einfach – Sie müssen sich nur trauen.

Bei vielen Kuchen lassen sich die »Volumengeber« Zucker und Zuckeraustauschstoffe zumindest teilweise durch Süßstoff ersetzen.
Bevorzugen Sie zum Backen flüssigen Süßstoff aus der Flasche. Falls Ihnen dieser einmal ausgegangen ist, können Sie auch Süßstofftabletten in etwas Wasser auflösen. Etwa 8 bis 10 Stück entsprechen der Süßkraft von 1 TL flüssigem Süßstoff.

Mit schönen Kuchenformen, Backblechen und anderen nützlichen Utensilien macht das Backen noch mehr Spass.

Je dunkler das Mehl, desto vollwertiger ist es. Hier sehen Sie Weizenvollkornmehl sowie Weizenmehle der Typen 1050 und 405. In diesem Buch finden Sie Rezepte mit verschiedenen Mehlsorten – von Teigen aus hellem Mehl bis hin zu Vollkornteigen.

Die richtigen Süßungsmittel wählen

Auch wenn Zucker in der Diabetes-Ernährung inzwischen nicht mehr verboten ist, ist das kein Freibrief für maßlosen Zuckerkonsum. Essen Sie Zucker nur in geringen Mengen und immer in Kombination mit anderen Lebensmitteln. Zucker und andere alternative Süßungsmittel wie Honig, Sirup oder Dicksaft sollten nicht mehr als 30–50 Gramm Ihrer täglichen Nahrung ausmachen. In der Backpraxis heißt das, die Zuckermenge möglichst gering zu halten. Durch das Hinzufügen von etwas Süßstoff kann vielen Kuchen zusätzliche Süße verliehen werden. Zum Backen eignen sich alle auf dem Markt gängigen Süßstoffe mit Ausnahme von Aspartam (ist nicht hitzebeständig).

Nicht jeder Tag ist Kuchentag

Süßes Gebäck soll etwas Besonderes bleiben, d. h. Sie sollten nicht jeden Tag ein Stück Kuchen essen. Falls Sie keine Gewichtsprobleme haben, können Sie mehrmals pro Woche ein Stück entsprechend Ihrer KH-P-Einteilung essen. Bei Übergewicht sollten Sie sich nur ab und zu ein Stück Kuchen, Torte oder süßes Gebäck erlauben. Wichtig ist, dass Sie diese Süßigkeit bewusst genießen, denn wenn Sie sich an Ihren Tagesplan halten, dürfen Sie meist nur 1 Stück davon essen.

Quark-Kirsch-Torte

Für 12 Stücke • Zubereitungszeit: ca. 1 Std. •
Backzeit: ca. 25 Min. • Kühlzeit: 4–5 Std.
pro Stück ca. 300 kcal, 11 g E, 15 g F, 28 g KH, 2,5 KH-P

Für den Rührteig:
125 g Diätmargarine
50 g Zucker
1 TL flüssiger Süßstoff
1 Pck. Vanillezucker
1 Prise Jodsalz
2 Eier
250 g Weizenmehl (Type 550)
2 TL Backpulver
2 EL Kakao
4 EL Milch (1,5 % Fett)
3 EL Mandellikör
Backpapier für die Form

Für das Kompott:
1 Glas Sauerkirschen, mit Süßstoff gesüßt (350 g Abtropfgewicht)
1/2 Pck. Tortenguss
1/2 Zimtstange
1 EL Citroback

Für die Quarkcreme:
4 Blatt weiße Gelatine
500 g Magerquark
1 TL flüssiger Süßstoff
2 Pck. Vanillezucker
200 g Sahne
1 TL Kakaopulver zum Bestäuben

1 Den Backofen auf 180 °C (Umluft 150 °C; Gas Stufe 2) vorheizen. Für den Rührteig Margarine mit Zucker, Süßstoff, Vanillezucker und Salz mit den Rührbesen eines Handrührgeräts oder einer Küchenmaschine geschmeidig rühren. Die Eier nach und nach untermengen.

2 Mehl, Backpulver und Kakao mischen, sieben und abwechselnd mit der Milch esslöffelweise auf mittlerer Stufe unterrühren. Eine Springform (26 cm Ø) mit Backpapier auslegen, den Teig hineinfüllen und glatt streichen. Den Kuchen im Ofen auf der mittleren Schiene etwa 25 Minuten backen.

3 Den Kuchen etwas abkühlen lassen, aus der Form lösen und auf einem Rost erkalten lassen. Dann um den Tortenboden einen Tortenring legen und den Kuchen mit Mandellikör beträufeln.

4 Für das Kompott die Kirschen in einen kleinen Topf geben und etwas Saft abnehmen. Diesen mit dem Tortenguss nach Packungsanweisung anrühren. Die Zimtstange und das Citroback zu den Kirschen in den Topf geben und das Ganze ein Mal aufkochen. Den Tortenguss einrühren, alles nochmals aufkochen lassen und die Zimtstange entfernen. Die Masse auf dem fertig gebackenen Tortenboden verteilen und abkühlen lassen.

5 Für die Quarkcreme die Gelatine in wenig kaltem Wasser einweichen. Quark, Süßstoff und Vanillezucker glatt rühren. Die Gelatine ausdrücken, auflösen und unter den Quark rühren. Die Sahne steif schlagen und unter die Quarkmasse heben. Die Masse auf das erkaltete Kompott streichen und die Torte für 4–5 Stunden kalt stellen; vor dem Servieren mit Kakao bestäuben.

Tipp

Behalten Sie 12 Kirschen und etwas Sahne zurück, spritzen Sie 12 kleine Sahnerosetten außen auf die Torte und setzen Sie je 1 Kirsche darauf.

Heidelbeertorte

Für 12 Stücke • Zubereitungszeit: ca. 50 Min. • Backzeit: ca. 35 Min. • Kühlzeit: 2–3 Std.
pro Stück ca. 220 kcal, 4 g E, 9 g F, 30 g KH, 2,5 KH-P

Für den Biskuitteig:
4 Eier
100 g Zucker
50 g Fruchtzucker
1 TL flüssiger Süßstoff
200 g Buchweizenmehl
1 TL Backpulver
Backpapier für die Form

Für die Füllung:
1 Glas Heidelbeeren, mit Süßstoff gesüßt (340 ml Inhalt)
1 EL Speisestärke
250 g Sahne
4 EL Eierlikör
einige frische Heidelbeeren für die Garnitur

1 Den Backofen auf 180 °C (Umluft 150 °C; Gas Stufe 2) vorheizen. Den Boden einer Springform (26 cm Ø) mit Backpapier auslegen. Den Springformrand mit dem Boden zusammensetzen.

2 Die Eier trennen. Die Eigelbe mit 4 Esslöffeln Wasser, Zucker, Fruchtzucker und Süßstoff mit den Rührbesen eines Handrührgeräts oder einer Küchenmaschine so lange rühren, bis die Masse dickcremig und fast weiß ist. In einer Schüssel das Mehl mit dem Backpulver sorgfältig vermischen. Das Eiweiß steif schlagen.

3 Die Mehlmischung und den Eischnee vorsichtig unter die Eigelbmasse heben, den Teig in die Springform geben und glatt streichen. Auf der mittleren Schiene etwa 35 Minuten backen.

4 Den Kuchen auskühlen lassen und horizontal halbieren. Von den Heidelbeeren ein paar Esslöffel Saft abnehmen und mit der Stärke anrühren. Die Heidelbeeren mit der restlichen Flüssigkeit in einem Topf zum Kochen bringen, die angerührte Stärke einrühren und alles einmal aufkochen, dann 2–3 Stunden abkühlen lassen.

5 Die Beeren auf den unteren Boden streichen, den oberen darauf setzen. Die Sahne steif schlagen. Die Torte damit rundum bestreichen. Den Eierlikör in einen Gefrierbeutel geben, an einer Spitze des Beutels ein kleines Loch schneiden und ein welliges Gitter auf die Torte spritzen. Evtl. mit einigen Heidelbeeren garnieren.

Tipp

Buchweizenmehl können Sie im Reformhaus kaufen. Da dieses Mehl im Vergleich zum Weizenmehl relativ eiweißarm ist, eignet es sich besonders gut für Biskuitteige.

Wenn es schnell gehen soll, können Sie auch einen fertig angerührten Mürbeteig verwenden. Sie finden ihn im Kühlregal eines jeden großen Supermarkts.

Für den Mürbeteig:
150 g Weizenmehl (Type 1050)
1 TL Backpulver
1 Ei
50 g Zucker
60 g Diätmargarine
Backpapier für die Form

Für die Füllung:
1 Glas Pfirsiche, mit Süßstoff gesüßt (Abtropfgewicht 250 g)
500 g Magerquark
50 ml Rapsöl
200 ml Milch (1,5 % Fett)
2 Eier
4 TL flüssiger Süßstoff
1 Pck. Vanillepuddingpulver

Käsetorte mit Pfirsichen

Für 12 Stücke • Zubereitungszeit: ca. 45 Min. • Kühlzeit: ca. 30 Min. • Backzeit: ca. 1 Std. 10 Min.
pro Stück ca. 180 kcal, 9 g E, 10 g F, 14 g KH, 1 KH-P

1 Mehl und Backpulver mischen, mit Ei, Zucker und Margarine rasch zu einem Teig verkneten, zu einer Kugel formen, in Folie einschlagen und für etwa 30 Minuten in den Kühlschrank legen. Die Pfirsiche gut abtropfen lassen und klein würfeln. Den Backofen auf 180 °C (Umluft 150 °C, Gas Stufe 2) vorheizen. Den Boden einer Springform (26 cm Ø) mit Backpapier belegen. Den Rand mit dem Boden zusammensetzen.

2 Für die Füllung Quark, Öl und Milch in eine Schüssel geben. Die Eier trennen. Das Eiweiß steif schlagen. Eigelbe, Süßstoff und Vanillepuddingpulver zum Quark geben und alles zu einer homogenen Masse rühren. Den Eischnee unterheben. Den Teig ausrollen, den Boden der Form damit auslegen und einen etwa 3 cm hohen Rand hochdrücken. Die Pfirsichstückchen gleichmäßig auf dem Boden verteilen. Die Quarkmasse darüber geben und glatt streichen.

3 Die Torte im Ofen auf der zweiten Schiene von unten etwa 1 Stunde backen, dann bei ausgeschaltetem Backofen noch etwa 10 Minuten im Ofen ruhen lassen. Die Torte herausnehmen, den Rand der Springform lösen und die Torte auskühlen lassen.

Joghurt-Orangen-Torte

Für 12 Stücke • Zubereitungszeit: ca. 50 Min. •
Backzeit: ca. 35 Min. • Kühlzeit: 4–5 Std.
pro Stück ca. 110 kcal, 5 g E, 3 g F, 16 g KH, 1,5 KH-P

Für den Biskuitteig:
4 Eier
100 g Zucker
100 g Fruchtzucker
180 g Weizenmehl (Type 1050)
1 TL Backpulver
1 TL Orangeback
Backpapier für die Form

Für den Belag:
4 Orangen
2 Beutel Götterspeisepulver Zitronengeschmack
3 TL flüssiger Süßstoff
600 g Joghurt (1,5 % Fett)
20 g gehackte Pistazienkerne

1 Den Backofen auf 180 °C (Umluft 150 °C; Gas Stufe 2) vorheizen. Den Boden einer Springform (26 cm Ø) mit Backpapier belegen. Den Rand mit dem Boden zusammensetzen. Die Eier trennen.

2 Die Eigelbe mit 4 Esslöffeln Wasser, dem Zucker und Fruchtzucker zu einer dickcremigen Masse rühren. Mehl, Backpulver und Orangeback mischen. Das Eiweiß steif schlagen. Die Mehlmischung und den Eischnee unter die Eigelbmasse heben, in die Form geben und glatt streichen. Auf der mittleren Schiene etwa 35 Minuten backen, herausnehmen und abkühlen lassen.

3 Inzwischen die Orangen so schälen, dass die weiße Haut mit entfernt wird. Das Fruchtfleisch zwischen den Trennhäutchen herauslösen, den abtropfenden Saft auffangen. Die Orangenfilets von 1 Orange beiseite stellen, die restlichen halbieren.

4 Das Götterspeisepulver in etwa 250 ml Wasser auflösen, diese Mischung erhitzen, nicht kochen lassen. Süßstoff und aufgefangenen Orangensaft hinzufügen, die Götterspeise von der Kochstelle nehmen. Halbierte Orangenfilets mit dem Joghurt verrühren. Die leicht abgekühlte Götterspeise einrühren; etwa 1 Stunde kalt stellen, bis es zu gelieren beginnt.

5 Den Biskuitboden horizontal halbieren. Die eine Hälfte einfrieren. Den anderen Boden auf eine Tortenplatte legen und mit einem Tortenring umschließen. Die Joghurtmasse auf dem Boden glatt streichen. Die Torte in den Kühlschrank stellen.

6 Wenn die Masse nach 3–4 Stunden fest ist, den Tortenring lösen, die Torte mit Orangenfilets und Pistazien garnieren.

Tipp

Wenn Sie den Belag mit grüner Götterspeise zubereiten, wird die Torte quietschgrün. Damit können Sie bestimmt auch Ihre Kinder oder Enkelkinder begeistern.

Himbeer-Flocken-Torte

Für 12 Stücke • Zubereitungszeit: ca. 45 Min. • Backzeit: ca. 25 Min. • Abkühlzeitzeit: ca. 25 Min.
pro Stück ca. 140 kcal, 7 g E, 6 g F, 12 g KH, 1 KH-P

1 Den Backofen auf 200 °C (Umluft 170 °C; Gas Stufe 3) vorheizen. 200 ml Wasser mit dem Salz in einem Topf zum Kochen bringen, die Margarine darin schmelzen. Das Mehl mit dem Backpulver mischen, unter Rühren auf einmal in den Topf geben und so lange kräftig weiterrühren, bis ein Teigkloß entstanden ist und sich am Topfboden eine weißliche Schicht gebildet hat.

2 Den Teigkloß in eine Rührschüssel geben und die Eier einzeln unterrühren. Den Boden einer Springform (24 cm Ø) mit Backpapier belegen, den Rand darauf setzen. Die Hälfte des Teigs in einen Spritzbeutel mit weiter Tülle geben und in Streifen auf den Boden der Form spritzen, mit einer Teigkarte glatt streichen. Den Teig im Ofen auf der zweiten Schiene von unten etwa 25 Minuten backen. Aus dem übrigen Teig eine zweite Platte backen.

3 Die Himbeeren auftauen lassen. Die Milch bis auf 4 Esslöffel zum Kochen bringen, das nach Packungsanweisung mit Milch angerührte Puddingpulver zugeben. Alles einmal aufkochen lassen und mit Süßstoff süßen. Den Pudding erkalten lassen, Quark und Beeren bis auf einige zum Dekorieren unterheben.

4 Die erste Teigplatte mit der Oberseite nach unten auf eine Tortenplatte legen, die zweite in etwa 2 cm große Flecken reißen. Die Quarkmasse auf die untere Platte geben und Brandteigflocken und Beeren darauf setzen. Mit wenig Puderzucker bestäuben.

Für den Brandteig:
1 Prise Jodsalz
60 g Diätmargarine
160 g Weizenmehl (Type 550)
1 TL Backpulver
4 Eier
Backpapier für das Blech

Für die Füllung:
300 g TK-Himbeeren
250 ml Milch (1,5 % Fett)
1/2 Pck. Vanillepuddingpulver
1 TL flüssiger Süßstoff
250 g Magerquark
etwas Puderzucker zum Bestäuben

Tipp

Sie können den Teig auch als Ring auf ein Backblech spritzen. Den Ring waagerecht aufschneiden, den oberen Kreis in Flecken reißen, die Füllung auf den unteren geben.

Die Erdbeer-Sahne-Creme können Sie am besten mit einer Teigkarte glatt streichen.

Für den Boden:
50 g Diätmargarine
50 g Butterkekse
Backpapier für die Form

Für den Belag:
200 g Erdbeeren
1 EL Kirschwasser
2 Eigelb
2 EL Zucker
1 TL flüssiger Süßstoff
200 g Sahne

Erdbeer-Eis-Torte

Für 10 Stücke • Zubereitungszeit: ca. 45 Min. • Gefrierzeit: 3–4 Std.
pro Stück ca. 140 kcal, 1 g E, 13 g F, 5 g KH, 0,5 KH-P

1 Die Margarine schmelzen lassen. Die Butterkekse zerbröseln. Etwa 1 Esslöffel Brösel beiseite stellen. Die flüssige Margarine zu den Bröseln geben und untermengen. Den Boden einer Springform (18 cm Ø) mit Backpapier belegen. Den Rand mit dem Boden zusammensetzen. Die Bröselmischung als Boden in die Form drücken.

2 Die Erdbeeren waschen und putzen. 5 schöne Erdbeeren beiseite stellen, die übrigen mit dem Kirschwasser pürieren. Die Eigelbe mit dem Zucker und dem Süßstoff über einem heißen Wasserbad aufschlagen. Die Creme wieder abkühlen lassen.

3 Die Sahne steif schlagen und zusammen mit den pürierten Erdbeeren unter die Creme ziehen. Die Masse auf den Bröselboden in der Springform geben und glatt streichen, dann 3–4 Stunden gefrieren.

4 Die gefrorene Torte mit einem Messer aus der Form lösen, auf eine Kuchenpatte setzen und mit den restlichen Butterkeksebröseln und den halbierten Erdbeeren garnieren.

Möhrenkuchen

Für 12 Stücke • Zubereitungszeit: ca. 45 Min. • Backzeit: ca. 45 Min.
pro Stück ca. 220 kcal, 5 g E, 14 g F, 17 g KH, 1,5 KH-P

300 g Möhren
500 g säuerliche Äpfel
2 EL Zitronensaft
4 Eier
80 ml Rapsöl
50 g flüssiger Honig
1 TL flüssiger Süßstoff
100 g Maismehl oder Maisgrieß
100 g gem. Mandeln
1 TL Backpulver
50 g kalorienreduzierte Aprikosen- oder Orangenmarmelade
Backpapier für die Form

1 Den Backofen auf 180 °C (Umluft 150 °C; Gas Stufe 2) vorheizen. Die Möhren putzen, schälen und fein raspeln. Die Äpfel schälen, vierteln, das Kernhaus entfernen, die Äpfel in dünne Spalten schneiden und mit Zitronensaft beträufeln.

2 Die Eier trennen. Das Eiweiß steif schlagen, die Eigelbe mit Öl, Honig und Süßstoff in einer großen Schüssel cremig rühren. Das Maismehl zusammen mit den Mandeln und dem Backpulver zu den Möhrenraspeln geben und alles gut vermengen. Diese Mischung unter die Eigelb-Öl-Mischung rühren, dann das Eiweiß vorsichtig unterheben.

3 Den Boden einer Springform (26 cm Ø) mit Backpapier belegen. Den Springformrand mit dem Boden zusammensetzen. Den Teig in die Springform füllen und glatt streichen. Die Apfelspalten rosettenartig in den Teig drücken.

4 Den Kuchen im Ofen auf der mittleren Schiene etwa 45 Minuten backen. Inzwischen die Marmelade erwärmen. Den Springformrand vom fertig gebackenen Kuchen lösen und die Marmelade auf den noch warmen Möhrenkuchen streichen.

Tipp

Maismehl oder -grieß finden Sie in der Reformhausabteilung des Supermarkts oder im Reformhaus selbst. Stattdessen können Sie aber auch Weizenmehl verwenden.

Birnenkuchen

Für 12 Stücke • Zubereitungszeit: ca. 40 Min. •
Zeit zum Durchziehen: 12 Std. • Backzeit: ca. 45 Min.
pro Stück ca. 230 kcal, 4 g E, 11 g F, 26 g KH, 2 KH-P

Für den Belag:
4 mittelgroße Birnen
1/2 l Rotwein

Für den Teig:
3 Eiweiß
150 g Diätmargarine
80 g flüssiger Honig
2 TL flüssiger Süßstoff
150 g blütenzarte Haferflocken
2 EL Haferkleie
150 g Weizenvollkornmehl
2 TL Backpulver
Backpapier und Margarine
für die Form

1 Die Birnen schälen, vierteln und das Kernhaus entfernen. Die Birnenviertel in einen kleinen Topf geben und mit dem Rotwein einmal aufkochen lassen, dann über Nacht durchziehen lassen.

2 Den Boden einer Springform (24 cm Ø) mit Backpapier belegen, mit dem Springformrand zusammensetzen, diesen mit etwas Margarine einfetten. Den Backofen auf 200 °C (Umluft 170 °C; Gas Stufe 3) vorheizen. Die Birnen auf ein Sieb geben, den Rotwein dabei auffangen und die Birnen gut abtropfen lassen.

3 Das Eiweiß steif schlagen. Dann mit denselben Schneebesen die Margarine mit dem Honig und dem Süßstoff schaumig rühren. Haferflocken und -kleie, Mehl und Backpulver vermischen. Mit einem Schneebesen die Mehlmischung, etwa 100 ml Rotwein und das Eiweiß unter die Margarinemasse heben.

4 Den Teig in die vorbereitete Springform geben und mit einer Teigkarte gleichmäßig verteilen. Die Birnen in den Teig zur Hälfte eindrücken und den Kuchen im Ofen auf der mittleren Schiene etwa 45 Minuten backen.

Tipp

Dieser Kuchen ist cholesterinfrei und enthält reichlich Ballaststoffe aus Hafer. Diese binden Cholesterin und tragen somit dazu bei, einen hohen Cholesterinspiegel zu senken.

Pflaumenkuchen vom Blech

Für 20 Stücke • Zubereitungszeit: ca. 50 Min. • Gehzeit: ca. 40 Min. • Backzeit: ca. 35 Min.
pro Stück ca. 120 kcal, 4 g E, 2 g F, 21 g KH, 2 KH-P

Für den Hefeteig:
250 g Weizenvollkornmehl
250 g Weizenmehl (Type 405)
1 Pck. Trockenhefe
1 1/2 TL flüssiger Süßstoff
etwas Jodsalz
2 Eier
3 EL Sonnenblumenöl
250 ml Milch (1,5 % Fett)
etwas Fett und Mehl für das Blech

Für den Belag:
1,6 kg Pflaumen
20 g blütenzarte Haferflocken
30 g Zucker-Süßstoff-Gemisch (z. B. Natreen Raffinesse)
1/2 TL Zimtpulver

1 Die beiden Mehlsorten in eine Schüssel geben, eine Mulde hineindrücken und die Hefe hineingeben. Süßstoff, Salz, Eier und Öl auf dem Mehl am Rand der Schüssel verteilen.

2 Die Milch erwärmen und in und um die Mulde gießen. Dann alles mit den Knethaken eines Handrührgeräts oder einer Küchenmaschine zu einem glatten Teig verarbeiten.

3 Den Teig mit einem Tuch abgedeckt an einem warmen Ort etwa 30 Minuten gehen lassen, bis er sein Volumen fast verdoppelt hat.

4 Die Pflaumen waschen und entsteinen. Den Backofen auf 180 °C (Umluft 150 °C; Gas Stufe 2) vorheizen. Ein Backblech einfetten und mit Mehl bestäuben. Den Hefeteig durchkneten, ausrollen, aufs Blech legen und einen Rand hochziehen.

5 Den Teig mit den Haferflocken bestreuen und nochmals 10 Minuten gehen lassen. Die Pflaumen dachziegelartig mit der Hautseite nach unten dicht aneinander auf den Teig setzen.

6 Zucker-Süßstoff und Zimt vermischen und über die Pflaumen streuen. Den Kuchen im Ofen auf der mittleren Schiene etwa 35 Minuten backen.

Tipp

Für die meisten von uns gehört zu einem Stück Pflaumenkuchen ein Tupfen Schlagsahne. Versuchen Sie es aber doch einmal Ihrer Figur zuliebe mit fettarmem Vanillepudding – schmeckt herrlich!

Anstelle von Äpfeln können Sie für diesen Blechkuchen auch anderes Kern- oder Steinobst verwenden.

Für den Rührteig:
250 g Diätmargarine
100 g Zucker
2 TL flüssiger Süßstoff
6 Eier
150 g Weizenmehl (Type 405)
150 g Weizenvollkornmehl
1 Pck. Backpulver
100 g gem. Haselnüsse
100 ml Milch (1,5 % Fett)
Backpapier oder Fett und Mehl für das Blech

Für den Belag:
1 kg Äpfel

Apfelblechkuchen

Für 20 Stücke • Zubereitungszeit: ca. 40 Min. • Backzeit: ca. 40 Min.
pro Stück ca. 250 kcal, 5 g E, 16 g F, 21 g KH, 2 KH-P

1 Margarine, Zucker und Süßstoff mit den Schneebesen eines Handrührgeräts oder einer Küchenmaschine schaumig schlagen. Die Eier nacheinander unterrühren.

2 Die beiden Mehlsorten und das Backpulver mischen; zusammen mit den gemahlenen Haselnüssen unter die Ei-Masse geben. Zum Schluss die Milch hinzufügen, damit der Teig etwas weicher wird.

3 Den Backofen auf 180 °C (Umluft 150 °C; Gas Stufe 2) vorheizen. Ein Backblech mit Backpapier auslegen oder einfetten und mit Mehl bestäuben. Den Teig gleichmäßig auf dem Blech verteilen.

4 Die Äpfel schälen und das Kernhaus entfernen. Die Äpfel in Achtel schneiden und diese dicht nebeneinander in Reihen auf den Teig legen. Den Apfelkuchen im Ofen auf der mittleren Schiene etwa 40 Minuten backen.

Marzipankuchen

Für 12 Stücke • Zubereitungszeit: ca. 25 Min. • Backzeit: ca. 50 Min.
pro Stück ca. 210 kcal, 4 g E, 11 g F, 22 g KH, 2 KH-P

125 g Diätmargarine
60 g Marzipanrohmasse
60 g Zucker
1 TL flüssiger Süßstoff
2 Eier
250 g Weizenmehl (Type 505)
2 TL Backpulver
2–3 Tropfen Bittermandelöl
100 ml Mineralwasser
Backpapier oder etwas Fett und Mehl für die Form

1 Die Margarine mit der Marzipanrohmasse, dem Zucker und dem Süßstoff cremig rühren. Die Eier nacheinander hinzufügen. Das Ganze zu einer dickcremigen, fast weißen Masse rühren.

2 Den Backofen auf 180 °C (Umluft 150 °C; Gas Stufe 2) vorheizen. Eine Kastenform (etwa 20 cm lang) mit Backpapier auslegen oder einfetten und mit Mehl bestäuben.

3 Das Mehl mit dem Backpulver vermischen. Bittermandelöl und Mehlmischung abwechselnd mit dem Mineralwasser unter die Eiermasse rühren.

4 Den Teig in die Kastenform füllen und den Kuchen im Ofen auf der mittleren Schiene etwa 50 Minuten backen. Den Kuchen etwas abkühlen lassen und dann aus der Form stürzen.

Tipp

Aus diesem Kuchen lassen sich ohne Marzipan feine Varianten zubereiten: Rühren Sie unter die Hälfte des Teiges etwa 2 EL Kakaopulver und 1 EL Rum. Oder geben Sie mit dem Mehl etwa 40 g gehackte Haselnüsse hinzu. Mit abgeriebener Orangenschale und 2 EL Cointreau schmeckt der Kuchen ebenfalls lecker.

Anstelle der einzelnen Gewürze können Sie auch einfach 1 Esslöffel Lebkuchengewürz unter den Teig rühren.

3 Eier
50 g Zucker
1 1/2 TL flüssiger Süßstoff
80 g Diätmargarine
1 Prise Jodsalz
1/2 TL Orangeback
1 TL Zimtpulver
1/2 TL gem. Anis
3–4 Tropfen Rumaroma
100 g Zartbitterschokolade
100 g Weizenvollkornmehl
50 g grobe Haferflocken
2 TL Backpulver
evtl. 1 EL Kakaopulver zum Bestäuben
Backpapier für die Form

Schoko-Gewürz-Kuchen

Für 12 Stücke • Zubereitungszeit: ca. 35 Min. • Backzeit: ca. 40 Min.
pro Stück ca. 170 kcal, 4 g E, 10 g F, 16 g KH, 1,5 KH-P

1 Den Backofen auf 200 °C (Umluft 170 °C; Gas Stufe 3) vorheizen. Eine Kastenform (etwa 20 cm lang) mit Backpapier auslegen.

2 Die Eier trennen. Das Eiweiß steif schlagen. Die Eigelbe mit dem Zucker, dem Süßstoff und der Margarine schaumig schlagen. Salz, Orangeback und Zimt, Anis und Rumaroma untermengen.

3 Die Schokolade hacken und mit dem Mehl sowie den Haferflocken und dem Backpulver vermengen. Diese Mischung zusammen mit dem Eischnee vorsichtig unter die Eigelbmasse heben.

4 Den Teig in die Kastenform füllen und den Kuchen sofort im Ofen auf der mittleren Schiene etwa 40 Minuten backen.

5 Nach dem Backen den Kuchen aus der Kastenform lösen und erkalten lassen; eventuell mit etwas Kakaopulver bestäuben.

Gugelhupf

Für 12 Stücke • Zubereitungszeit: ca. 25 Min. •
Gehzeit: 1 Std. • Backzeit: 30–40 Min.
pro Stück ca. 220 kcal, 5 g E, 12 g F, 22 g KH, 2 KH-P

100 g Rosinen
4 EL Rum
250 g Weizenmehl (Type 1050)
1 Pck. Trockenhefe
100 ml Milch (1,5 % Fett)
1 TL flüssiger Süßstoff
1 TL Zucker
120 g Diätmargarine
2 Eier
50 g gehackte Mandeln
etwas Fett und Mehl
für die Form
1 EL Puderzucker zum
Bestäuben

1 Die Rosinen im Rum ziehen lassen. Das Mehl in eine Schüssel geben, eine Mulde hineindrücken und die Hefe hineingeben.

2 Die Milch leicht erwärmen, zusammen mit dem Süßstoff und dem Zucker hinzufügen. Die Margarine in Stückchen an den Rand der Schüssel setzen; die Eier hinzugeben.

3 Das Ganze mit den Knethaken eines Handrührgerätes oder einer Küchenmaschine zu einem glatten geschmeidigen Teig verarbeiten. Den Teig abgedeckt an einem warmen Ort etwa 30 Minuten gehen lassen.

4 Eine Mini-Gugelhupfform (20 cm Ø) einfetten und mit Mehl bestäuben. Den Backofen auf 180 °C (Umluft 150 °C; Gas Stufe 2) vorheizen.

5 Die Rumrosinen und die Mandeln zum Teig geben und das Ganze nochmals kräftig kneten. Dann den Teig in die Gugelhupfform füllen und weitere 30 Minuten gehen lassen.

6 Den Kuchen im Ofen auf der mittleren Schiene 30–40 Minuten backen, dann aus der Form stürzen und vor dem Servieren mit Puderzucker bestäuben.

Tipp

Anstelle der Rosinen können Sie auch andere Trockenfrüchte verwenden, z. B. klein geschnittene Aprikosen oder Pflaumen.

Zimtwaffeln

Für 12 Stück • Zubereitungszeit: ca. 35 Min. • Backzeit: ca. 20 Min.
pro Stück ca. 240 kcal, 5 g E, 13 g F, 24 g KH, 2 KH-P

Für das Orangenkompott:
4 unbehandelte Orangen
2 EL flüssiger Honig
2 EL Cointreau
etwas flüssiger Süßstoff nach Bedarf

Für den Waffelteig:
150 g Diätmargarine
50 g flüssiger Honig
2 TL flüssiger Süßstoff
3 Eier
250 g Weizenmehl (Type 550)
1/2 Pck. Backpulver
1 TL Zimtpulver
etwa 100 ml Milch (1,5 % Fett)
evtl. etwas Öl für das Waffeleisen

1 Zunächst 1 Orange waschen, trocknen und von der Schale feine Streifen abziehen. Dann die Frucht halbieren und den Saft auspressen.

2 Die restlichen 3 Orangen filetieren, dafür die Schale der Orangen von der Stiel- und Blütenseite so tief abschneiden, dass das Fruchtfleisch zu sehen ist. Dann die Orangen auf einen Teller stellen und jeweils die restliche Schale dicht am Fruchtfleisch entlang abschneiden, sodass die weiße Haut mit entfernt wird. Das Fruchtfleisch der Orangen zwischen den Trennhäutchen herauslösen, den abtropfenden Saft auffangen.

3 Den Orangensaft mit dem Honig und den Orangenschalenstreifen in einen kleinen Topf geben und die Flüssigkeit auf die Hälfte einkochen lassen; mit Cointreau und Süßstoff abschmecken. Die Orangenfilets abkühlen lassen und das Kompott hinzufügen.

4 Die Margarine mit Honig und Süßstoff cremig rühren. Nach und nach die Eier hinzufügen und alles zu einer schaumigen Masse schlagen. Das Mehl mit Backpulver und dem Zimt mischen und sieben, esslöffelweise unter die Schaummasse rühren und zum Schluss die Milch hinzufügen. Alles gut verrühren. Der Teig sollte leicht dickflüssig sein, ansonsten noch etwas Milch unterrühren.

5 Das Waffeleisen aufheizen, eventuell einfetten und etwa 2 Esslöffel Teig in die Mitte der unteren Hälfte des Waffeleisens geben, das Eisen schließen und die Waffel goldgelb backen. Auf diese Weise aus dem gesamten Teig Waffeln backen, die fertig gebackenen jeweils im Ofen warm halten oder sofort mit dem Orangenkompott servieren.

Tipp

Im Frühherbst schmecken diese Waffeln fein mit selbst gemachtem, lauwarmem und mit viel Zimt gewürztem Pflaumenkompott.

Müslimuffins

Für 12 Stück • Zubereitungszeit: ca. 25 Min. • Backzeit: ca. 20 Min.
pro Stück ca. 290 kcal, 6 g E, 17 g F, 27 g KH, 2 KH-P

Für den Rührteig:
2 Eier, 120 ml Rapsöl
200 ml Buttermilch
2 TL flüssiger Süßstoff
50 g Zucker
200 g Weizenvollkornmehl
150 g Müslimischung mit Rosinen und Nüssen, ohne Zuckerzusatz
1 TL Backpulver, 1 TL Natron
12 Papierförmchen

Für den Belag:
50 g gehackte Mandeln
50 g grobe Haferflocken
3 EL Rapsöl, 2 EL Zucker
½ TL flüssiger Süßstoff
1 TL Zimtpulver

1 Den Backofen auf 200 °C (Umluft 170 °C; Gas Stufe 3) vorheizen. In die Vertiefungen eines Muffinblechs (12 Vertiefungen) Papierförmchen setzen.

2 Die Eier mit dem Öl, der Buttermilch sowie mit Süßstoff und Zucker in eine Schüssel geben und alles miteinander verrühren.

3 Das Mehl mit der Müslimischung, dem Backpulver sowie dem Natron mischen und unter die Eier-Öl-Mischung rühren, sodass ein glatter Teig entsteht. Den Teig gleichmäßig auf die 12 Förmchen verteilen, sodass sie jeweils zu ¾ gefüllt sind.

4 Für den Belag die Mandeln und Haferflocken mit Öl, Zucker, Süßstoff und Zimt gut verrühren. Je 1 Esslöffel der Haferflockenmischung auf den Muffinteig geben und etwas andrücken.

5 Die Muffins im Ofen auf der mittleren Schiene etwa 20 Minuten backen, etwa 5 Minuten im Blech auskühlen lassen, dann herausnehmen und auf einem Kuchengitter auskühlen lassen.

Tipp

Verwenden Sie bei diesem Muffinrezept auf jeden Fall Backpapierförmchen, da die Muffins sonst beim Herauslösen leicht auseinander brechen.

Wälzen Sie die Kirschen, bevor Sie sie zum Teig geben, in etwas zurückbehaltenem Mehl, dann sinken diese nicht so stark ab.

50 g Blockschokolade
1 Glas Schattenmorellen, mit Süßstoff gesüßt (185 g Abtropfgewicht)
2 Eier
80 g Rapsöl
250 g Joghurt (1,5 % Fett)
2 TL flüssiger Süßstoff
50 g Zucker
125 g Weizenmehl (Type 405)
125 g Weizenvollkornmehl
1 TL Backpulver
1 TL Natron
12 Papierförmchen

Kirsch-Schoko-Muffins

Für 12 Stück • Zubereitungszeit: ca. 25 Min. • Backzeit: ca. 25 Min.
pro Stück ca. 200 kcal, 5 g E, 9 g F, 24 g KH, 2 KH-P

1 Die Schokolade in feine Späne schneiden, dabei den Schokoladenblock auf ein Brett legen und mit einem Messer dünn daran entlangschneiden. Die Schattenmorellen auf ein Sieb geben und abtropfen lassen. Den Backofen auf 200 °C (Umluft 170 °C; Gas Stufe 3) vorheizen. In die Vertiefungen eines Muffinblechs (12 Vertiefungen) Papierförmchen setzen.

2 Die Eier mit Öl, Joghurt, Süßstoff und Zucker in eine Schüssel geben und alles mit einem Schneebesen gut verrühren.

3 Die beiden Mehlsorten, die Schokoladenraspel, das Backpulver sowie das Natron mischen und unter die Eier-Öl-Mischung rühren, sodass ein glatter Teig entsteht. Die Schattenmorellen zum Schluss unterheben.

4 Den Teig gleichmäßig auf die 12 Vertiefungen verteilen. Die Muffins im Ofen auf der mittleren Schiene etwa 20 Minuten backen, etwa 5 Minuten im Blech auskühlen lassen, dann herausnehmen und auf einem Kuchengitter auskühlen lassen.

Quark-Windbeutel

Für 12 Stück • Zubereitungszeit: ca. 35 Min. • Backzeit: ca. 20 Min.
pro Stück ca. 170 kcal, 7 g E, 10 g F, 12 g KH, 1 KH-P

Für den Brandteig:
1 Prise Jodsalz
80 g Diätmargarine
150 g Weizenmehl (Type 550)
1 EL Kakaopulver
4 Eier
Backpapier für das Blech

Für die Füllung:
250 g Magerquark
50 ml kalter starker Kaffee
100 g Sahne
1 TL flüssiger Süßstoff
2 EL Mandellikör

1 Den Backofen auf 200 °C (Umluft 170 °C; Gas Stufe 3) vorheizen. Etwa 1/4 l Wasser mit dem Salz in einem Topf zum Kochen bringen. Die Margarine in dem heißen Wasser schmelzen.

2 Inzwischen das Mehl mit dem Kakaopulver mischen. Die Mehlmischung unter Rühren auf einmal in den Topf geben und so lange kräftig weiterrühren, bis ein Teigkloß entstanden ist und sich am Topfboden eine weißliche Schicht gebildet hat.

3 Den Teigkloß in eine Rührschüssel geben und nach und nach die Eier einzeln unterrühren. Den Teig mithilfe von 2 Esslöffeln als eigroße Häufchen auf ein mit Backpapier ausgelegtes Blech setzen. Die Häufchen im Ofen auf der mittleren Schiene etwa 20 Minuten backen und sofort heiß aufschneiden.

4 Den Quark mit dem Kaffee glatt rühren. Die Sahne steif schlagen, unter die Quarkmasse heben und alles mit Süßstoff und Mandellikör abschmecken. Das Ganze in einen Spritzbeutel füllen und jeweils einen dicken Tupfer in die untere Hälfte jedes Windbeutels spritzen; die Deckel aufsetzen.

Tipp

Schneiden Sie die Windbeutel noch warm auf, sonst brechen sie, aber füllen Sie das Gebäck erst, wenn es ausgekühlt ist.

Buchteln mit Vanillesauce

Für 12 Stück • Zubereitungszeit: ca. 45 Min. • Gehzeit: ca. 1 Std. • Backzeit: ca. 20 Min.
pro Stück ca. 270 kcal, 7 g E, 11 g F, 35 g KH, 3 KH-P

Für die Buchteln:
500 g Weizenmehl (Type 550)
1 Pck. Trockenhefe
1 Pck. Vanillezucker
1 1/2 TL flüssiger Süßstoff
1 Ei
130 g Diätmargarine
200 ml Milch (1,5 % Fett)

Für die Füllung:
12 TL kalorienreduziertes Pflaumenmus

Für die Sauce:
1/2 Pck. Vanillepuddingpulver
500 ml Milch (1,5 % Fett)
1/2 TL flüssiger Süßstoff

1 Das Mehl in eine Schüssel sieben und eine Mulde hineindrücken. Die Hefe hineingeben. Den Vanillezucker darüber streuen. Süßstoff, Ei und 80 g Margarine an den Rand der Schüssel geben.

2 Die Milch erwärmen und in und um die Mulde gießen. Dann alles mit den Knethaken zu einem glatten Teig verarbeiten. Den Teig abgedeckt an einem warmen Ort etwa 30 Minuten gehen lassen, bis er sein Volumen fast verdoppelt hat.

3 Den Teig durchkneten und in 12 gleich große Stücke teilen. Diese mit dem Handballen etwas flach drücken. Je 1 Teelöffel Pflaumenmus auf den Teig geben. Die Teigränder über die Füllung schlagen und jedes Teigstück zu einer runden Kugel formen. Die restlichen 50 g Margarine in einer rechteckigen Auflaufform (20 x 30 cm) zerlassen. Die Teigbällchen darin wenden und nicht zu dicht nebeneinander legen. Die Buchteln nochmals zugedeckt an einem warmen Ort etwa 30 Minuten gehen lassen.

4 Etwa 10 Minuten vor Ende der Gehzeit den Ofen auf 200 °C (Umluft 170 °C; Gas Stufe 3) vorheizen. Die Buchteln etwa 20 Minuten auf der unteren Schiene backen, etwas abkühlen lassen.

5 Die Vanillesauce nach Packungsanweisung zubereiten. Den Süßstoff hinzufügen und alles unter Rühren einmal aufkochen lassen. Die Vanillesauce zu den Buchteln servieren.

Tipp

Sehr gut schmecken die Buchteln auch, wenn Sie 3–5 Esslöffel Mohn unter den Teig kneten.

Mischen Sie doch auch einmal zusätzlich 2–3 Esslöffel gemahlene oder fein gehackte Nüsse unter die Apfelfüllung.

Für den Quark-Öl-Teig:
125 g Magerquark
4 EL Milch (1,5 % Fett)
5 EL Rapsöl
1 TL flüssiger Süßstoff
250 g Weizenmehl (Type 550)
1/2 Pck. Backpulver
Mehl für die Arbeitsfläche
Backpapier für das Blech

Für die Füllung:
2 kleine Äpfel
50 ml Weißwein
1 TL flüssiger Süßstoff
1/4 TL Zimtpulver

Apfeltaschen

Für 6 Stück • Zubereitungszeit: ca. 35 Min. • Backzeit: ca. 15 Min.
pro Stück ca. 260 kcal, 9 g E, 9 g F, 36 g KH, 3 KH-P

1 Quark, Milch, Öl und Süßstoff in einer Schüssel mit den Knethaken eines Handrührgeräts oder einer Küchenmaschine verarbeiten. Mehl und Backpulver miteinander vermengen und zuerst esslöffelweise unter Rühren hinzufügen, den Rest mit den Händen unterkneten. Den Backofen auf 200 °C (Umluft 170 °C; Gas Stufe 3) vorheizen.

2 Die Äpfel schälen und das Kernhaus entfernen. Die Äpfel in dünne Spalten schneiden und diese in dem Weißwein 1–2 Minuten dünsten. Die Äpfel mit Süßstoff und Zimt abschmecken; etwas abkühlen lassen.

3 Den Teig auf einer bemehlten Arbeitsfläche dünn ausrollen, 6 quadratische Teigböden von etwa 10 x 10 cm zurechtschneiden. Auf eine Seite des Teigbodens etwa 1 Esslöffel Apfelfüllung geben. Den Teig von der einen Seite über die andere Seite klappen und die Ränder mit den Zinken einer Gabel zusammendrücken.

4 Ein Blech mit Backpapier belegen. Die Apfeltaschen darauf setzen und auf der mittleren Schiene etwa 15 Minuten backen. Auf einem Gitter abkühlen lassen.

Walnussstangen

Für 40 Stück • Zubereitungszeit: ca. 45 Min. • Kühlzeit: ca. 1 Std. • Backzeit: ca. 10 Min.
pro Stück ca. 60 kcal, 1 g E, 4 g F, 6 g KH, 0,5 KH-P

120 g Walnusskerne
150 g Weizenmehl (Type 550)
110 g Zucker
4 Tropfen Vanillearoma
1 Prise Jodsalz
100 g Diätmargarine
1 Eiweiß
½ TL flüssiger Süßstoff
Backpapier für das Blech

1 Etwa 80 g Walnusskerne fein mahlen und den Rest grob hacken. Das Mehl in eine Schüssel sieben. 100 g Zucker, die gemahlenen Walnüsse, das Vanillearoma und das Salz dazugeben. Die Margarine in Stücke schneiden und hinzufügen.

2 Die Zutaten mit den Knethaken eines Handrührgeräts oder einer Küchenmaschine zu einem glatten Teig verarbeiten. Den Teig etwa 1 Stunde kalt stellen.

3 Für den Belag das Eiweiß steif schlagen, dabei den restlichen Zucker einrieseln lassen und den Süßstoff hinzufügen. Den Backofen auf 180 °C (Umluft 150 °C; Gas Stufe 2) vorheizen.

4 Den Teig zwischen 2 Stücken Frischhaltefolie dünn ausrollen. Den Eischnee darauf verteilen und mit den gehackten Walnusskernen bestreuen.

5 Den Teig in Streifen von 5 x 2 cm Größe schneiden und diese auf ein mit Backpapier ausgelegtes Backblech setzen. Die Walnussstangen im Ofen auf der mittleren Schiene etwa 10 Minuten backen; auskühlen lassen.

Tipp

Mit einem großen Messer lassen sich die Stangen ganz einfach auf das Blech setzen.

Marmorierte Kekse

Für 50 Stück • Zubereitungszeit: ca. 30 Min. • Kühlzeit: ca. 2 Std. • Backzeit: ca. 10 Min.
pro Stück ca. 40 kcal, 1 g E, 2 g F, 6 g KH, 0,5 KH-P

- 100 g Diätmargarine
- 100 g Zucker
- 50 g Fruchtzucker
- 1 Ei
- 4–6 Tropfen Vanillearoma
- 200 g Weizenmehl (Type 550)
- 1 TL Backpulver
- 1 Prise Jodsalz
- 1 EL Kakaopulver
- 2 EL Milch (1,5 % Fett)
- Backpapier für das Blech

1 Margarine, Zucker und Fruchtzucker mit den Schneebesen eines Handrührgeräts cremig schlagen. Ei und Vanillearoma dazugeben und die Masse schaumig rühren.

2 Das Mehl in eine Schüssel sieben. Das Backpulver und das Salz hinzufügen und alles gründlich miteinander vermischen. Die Mehlmischung esslöffelweise zu der Schaummasse geben und das Ganze so lange verrühren, bis das Mehl vollständig untergearbeitet und ein glatter Teig entstanden ist. Die Hälfte des Teigs auf ein großes Stück Frischhaltefolie geben. Das Kakaopulver mit der Milch zum restlichen Teig geben und unterrühren.

3 Den Schokoladenteig zusammen mit der anderen Hälfte des Teigs zu einer großen Kugel formen und daraus eine etwa 40 cm lange Rolle von etwa 3 cm Ø formen. Die Teigrolle in die Frischhaltefolie wickeln und etwa 2 Stunden im Kühlschrank ruhen lassen.

4 Den Backofen auf 200 °C (Umluft 170 °C; Gas Stufe 3) vorheizen. Ein Backblech mit Backpapier auslegen. Den Teig in etwa 1/2 cm dicke Scheiben schneiden. Die Teigscheiben auf das Backblech legen und im Ofen auf der mittleren Schiene etwa 10 Minuten backen.

Tipp

Lassen Sie die Kekse gut auskühlen und bewahren Sie sie dann in einer luftdicht verschließbaren Dose auf. Da der Fruchtzucker Feuchtigkeit zieht, würden sie sonst schnell weich werden.

Ahornsirup finden Sie in jedem gut sortierten Supermarkt. Sie können aber auch die gleiche Menge Rübensirup oder Zucker verwenden.

- 150 g Zartbitterschokolade
- 80 g Diätmargarine
- 80 g Ahornsirup
- 1 TL flüssiger Süßstoff
- 120 g Weizenvollkornmehl
- 1 TL Kakaopulver
- 1/4 TL Natron
- 1 Prise Jodsalz
- 1 Ei
- 4 EL Milch (1,5 % Fett)

Brownies

Für 30 Stück • Zubereitungszeit: ca. 30 Min. • Backzeit: ca. 25–30 Min.
pro Stück ca. 70 kcal, 1 g E, 4 g F, 7 g KH, 0,5 KH-P

1 Die Schokolade und 75 g Margarine zusammen in einem Topf schmelzen lassen, in eine Rührschüssel geben und den Ahornsirup sowie den Süßstoff unterrühren.

2 Den Backofen auf 180 °C (Umluft 150 °C; Gas Stufe 2) vorheizen. Eine quadratische amerikanische Kuchenform (20 x 20 cm) mit der restlichen Margarine einfetten. Das Mehl mit Kakaopulver, Natron und Salz vermischen.

3 Das Ei unter die Butter-Schokoladen-Mischung rühren. Die Mehlmischung esslöffelweise dazugeben und das Ganze zu einem glatten Teig verarbeiten. Zum Schluss die Milch unterrühren, damit der Teig nicht zu fest wird.

4 Den Rührteig in die Form füllen und glatt streichen; im Ofen auf der mittleren Schiene 25–30 Minuten backen. Den Kuchen aus der Form lösen, in etwa 4 x 4 cm große Quadrate schneiden und die Brownies auf einem Kuchengitter abkühlen lassen.

Kleine Florentiner

Für 40 Stück • Zubereitungszeit: ca. 50 Min. • Backzeit: ca. 12 Min.
pro Stück ca. 70 kcal, 1 g E, 4 g F, 6 g KH, 0,5 KH-P

50 g Diätmargarine
100 g Fruchtzucker
2 EL flüssiger Honig
125 g Sahne
50 g Belegkirschen
50 g Zitronat
200 g Mandelstifte
1 EL Weizenvollkornmehl
1 TL Zitronensaft
Backpapier für das Blech

Für die Verzierung:
60 g Zartbitterkuvertüre
5 g Kokosfett

1 Die Margarine mit dem Fruchtzucker und dem Honig in einem Topf vermischen und so lange erhitzen, bis die Masse leicht gebräunt ist. Dann die Sahne hinzufügen und rühren, bis sich der Zucker gelöst hat.

2 Die Belegkirschen und das Zitronat fein würfeln. Mit den Mandelstiften und dem Mehl zur Butter-Honig-Masse geben. Die Masse so lange kochen lassen, bis sie gebunden ist. Zum Schluss den Zitronensaft unterrühren.

3 Den Backofen auf 180 °C (Umluft 150 °C; Gas Stufe 2) vorheizen. Ein Backblech mit Backpapier auslegen. Mit 2 Teelöffeln Häufchen von der Masse im Abstand von mindestens 5 cm aufs Blech setzen. Die Florentiner im Ofen auf der mittleren Schiene etwa 12 Minuten backen; abkühlen lassen.

4 Die Kuvertüre mit dem Kokosfett in einem kleinen Topf über dem heißen Wasserbad schmelzen. Die Florentiner auf einer Seite etwa 1 cm tief in die Kuvertüre tauchen und zum Trocknen auf Pergamentpapier setzen.

Tipp

Mahlen Sie die Mandeln selbst, indem Sie sie mit der feinsten Scheibe Ihrer Küchenmaschine zerkleinern – so erhalten Sie ein sehr luftiges Mandelmehl.

2 Eiweiß
50 g Puderzucker
1 TL flüssiger Süßstoff
1 TL Zimtpulver
3 Tropfen Bittermandelöl
1 TL Mandellikör
30 g Speisestärke
150 g fein gem. Mandeln
Backpapier für das Blech

Amarettini

Für 30 Stück • Zubereitungszeit: ca. 25 Min. • Backzeit: ca. 35 Min.
pro Stück ca. 40 kcal, 1 g E, 3 g F, 3 g KH, 0,25 KH-P

1 Den Backofen auf 130 °C (Umluft 100 °C; Gas Stufe 1) vorheizen. Ein Backblech mit Backpapier belegen.

2 Das Eiweiß mit den Schneebesen eines Handrührgeräts oder einer Küchenmaschine steif schlagen. Den gesiebten Puderzucker nach und nach langsam einrieseln lassen.

3 Süßstoff, Zimt, Bittermandelöl und Mandellikör sowie die Stärke und die gemahlenen Mandeln unterheben. Von diesem Eiweißteig mit 2 Teelöffeln kleine Häufchen im Abstand von 2 cm auf das Backblech setzen.

4 Die Amarettini im Ofen auf der mittleren Schiene etwa 35 Minuten backen; auf einem Kuchengitter auskühlen lassen.

Haferflockenhäufchen

Für 40 Stück • Zubereitungszeit: ca. 25 Min. • Backzeit: 20–25 Min.
pro Stück ca. 60 kcal, 1 g E, 3 g F, 7 g KH, 0,5 KH-P

50 g Rosinen
2 EL Rum
125 g Diätmargarine
100 g Zucker
50 g Fruchtzucker
1 TL flüssiger Süßstoff
1 Ei
60 g Weizenvollkornmehl
125 g kernige Haferflocken
1 TL Backpulver
Backpapier für das Blech

1 Die Rosinen in den Rum einlegen. Den Backofen auf 180 °C (Umluft 150 °C; Gas Stufe 2) vorheizen. Ein Backblech mit Backpapier auslegen.

2 Die Margarine mit dem Zucker, dem Fruchtzucker und dem Süßstoff mit den Schneebesen eines Handrührgeräts oder einer Küchenmaschine schaumig schlagen. Das Ei unterrühren.

3 Das Mehl mit den Haferflocken und dem Backpulver mischen. Die Mehlmischung esslöffelweise zur Schaummasse geben, dabei das Ganze mit den Knethaken zu einem glatten Teig verarbeiten. Zum Schluss die Rumrosinen unterrühren.

4 Aus dem Teig mit 2 Esslöffeln Häufchen abstechen, diese mit etwa 5 cm Abstand nebeneinander auf das Backblech setzen. Die Haferflockenhäufchen im Ofen auf der mittleren Schiene in 20–25 Minuten goldbraun backen.

Tipp

Anstelle von Haferflocken und Rosinen können Sie die gleiche Menge einer beliebigen Müslimischung ohne Zucker verwenden.

Mit Weizenvollkornmehl lassen sich diese Kekse ebenfalls backen, dann sollten Sie jedoch 4–6 Esslöffel Milch hinzufügen, damit der Teig nicht zu fest wird.

80 g Diätmargarine
50 g Rübensirup
100 g Fruchtzucker
1 Ei
1/2 Pck. Citroback
200 g Weizenmehl (Type 550)
1 TL Backpulver
1 EL Ingwerpulver
1 TL Zimtpulver
1 Prise Jodsalz
Backpapier für das Blech

Ingwerkekse

Für 30 Stück • Zubereitungszeit: ca. 25 Min. • Backzeit: ca. 15 Min.
pro Stück ca. 50 kcal, 1 g E, 2 g F, 6 g KH, 0,5 KH-P

1 Die Margarine mit dem Rübensirup und dem Zucker mit den Schneebesen eines Handrührgeräts oder einer Küchenmaschine schaumig schlagen. Das Ei und das Citroback unterrühren.

2 Das Mehl in eine Schüssel sieben. Backpulver, Ingwer, Zimt und Salz untermischen. Die Mehlmischung esslöffelweise zur Schaummasse geben und das Ganze mit den Knethaken zu einem glatten Teig verarbeiten. Den Backofen auf 180 °C (Umluft 150 °C; Gas Stufe 2) vorheizen.

3 Ein Backblech mit Backpapier auslegen. Aus dem Teig mit 2 Teelöffeln etwa 30 kleine Häufchen abstechen, mit etwa 3 cm Abstand nebeneinander auf das Backblech legen. Die Kekse auf der mittleren Schiene in etwa 15 Minuten goldbraun backen.

Lauchkuchen

Für 9 Stücke • Zubereitungszeit: ca. 50 Min. •
Gehzeit: ca. 40 Min. • Backzeit: ca. 35 Min.
pro Stück ca. 300 kcal, 15 g E, 12 g F, 33 g KH, 2 KH-P

Für den Hefeteig:
400 g Weizenvollkornmehl
1 Pck. Trockenhefe
1 Prise Zucker
1/2 TL Jodsalz
2 EL Rapsöl
250 ml Milch (1,5 % Fett)
etwas Öl und Mehl für
das Backblech

Für den Belag:
1,2 kg Lauch
2 EL Rapsöl
150 g Kassleraufschnitt
300 g saure Sahne
3 Eier
etwas Jodsalz
etwas schwarzer Pfeffer
aus der Mühle

1 Das Mehl in eine Schüssel sieben und eine Mulde hineindrücken. Die Hefe hineingeben und den Zucker darüber streuen. Das Salz und das Öl an den Rand der Schüssel geben.

2 Die Milch erwärmen und in und um die Mulde gießen. Dann alles mit den Knethaken eines Handrührgeräts oder einer Küchenmaschine zu einem glatten Teig verarbeiten. Den Teig mit einem Tuch abgedeckt an einem warmen Ort etwa 30 Minuten gehen lassen, bis er sein Volumen fast verdoppelt hat.

3 Inzwischen für den Belag den Lauch putzen, waschen und in feine Ringe schneiden. Das Öl in einer beschichteten Pfanne erhitzen und die Lauchringe darin andünsten, dann abkühlen lassen.

4 Den Kassleraufschnitt fein würfeln. Die saure Sahne mit den Eiern verrühren; mit Salz und Pfeffer würzen. Den Backofen auf 200 °C (Umluft 170 °C; Gas Stufe 3) vorheizen. Ein Backblech mit etwas Öl einfetten und mit etwas Mehl bestäuben.

5 Den Teig durchkneten, zu einem Rechteck auf Blechgröße ausrollen, auf das Blech legen und in die Ränder und Ecken drücken. Den Teig auf dem Blech mit einen Küchentuch abgedeckt etwa 10 Minuten gehen lassen.

6 Die Lauchringe und die Kasslerwürfel auf dem Teig verteilen. Die Eiersahne gleichmäßig darüber gießen. Den Lauchkuchen im Ofen auf der mittleren Schiene etwa 35 Minuten backen. Aus dem Ofen nehmen, in 9 Stücke schneiden und heiß servieren.

Tipp

Etwa 10 Minuten vor Ende der Backzeit können Sie zusätzlich etwa 3 Esslöffel geriebenen Parmesan auf den Kuchen geben, dann wird er noch würziger.

Pizza mit Spinat und Pilzen

Für 9 Stücke • Zubereitungszeit: ca. 1 Std. • Gehzeit: ca. 40 Min. • Backzeit: ca. 40 Min.
pro Stück ca. 200 kcal, 7 g E, 8 g F, 24 g KH, 1,5 KH-P

Für den Hefeteig:
150 g Weizenmehl (Type 550)
150 g Weizenvollkornmehl
1 Pck. Trockenhefe
1 Prise Zucker
1/2 TL Jodsalz, 2 EL Olivenöl

Für den Belag:
1 Zwiebel, 1 Knoblauchzehe
1 EL Olivenöl
1 Dose geschälte Tomaten (ca. 400 g)
etwas Jodsalz, schwarzer Pfeffer
1 1/2 EL Pizzagewürz
1 Lorbeerblatt
150 g Champignons
100 g TK-Blattspinat, aufgetaut
100 g Gouda (48 % Fett i. Tr.)

1 Die beiden Mehlsorten in eine Schüssel geben, eine Mulde hineindrücken und Hefe und Zucker hineingeben. Salz und Öl an den Rand der Schüssel geben. 125 ml lauwarmes Wasser dazugeben und alles zu einem glatten Teig verarbeiten. Abgedeckt etwa 30 Minuten gehen lassen, bis er sein Volumen fast verdoppelt hat.

2 Inzwischen Zwiebel und Knoblauch schälen und hacken. Das Öl in einer Pfanne erhitzen, Zwiebel und Knoblauch darin andünsten, die Tomaten inkl. Saft hinzufügen. Mit Salz, Pfeffer, 1 Esslöffel Pizzagewürz würzen, das Lorbeerblatt dazugeben. Alles offen etwas einkochen lassen. Das Lorbeerblatt herausnehmen.

3 Die Champignons putzen und blättrig schneiden. Den aufgetauten Spinat etwas zerpflücken. Den Gouda reiben. Den Backofen auf 220 °C (Umluft 190 °C; Gas Stufe 4) vorheizen.

4 Den Teig durchkneten, ausrollen, auf ein mit Backpapier ausgelegtes Blech legen und in die Ränder und Ecken drücken. Mit einem Küchentuch abgedeckt etwa 10 Minuten gehen lassen.

5 Die Tomatensauce auf den Pizzateig verteilen. Pilze und Spinat gleichmäßig darüber geben; mit Salz, Pfeffer und dem restlichen Pizzagewürz würzen. Den Käse darüber streuen und die Pizza auf der mittleren Schiene etwa 25 Minuten backen.

Tipp

Der Kaloriengehalt einer Pizza kann – abhängig vom Belag und von der Dicke des Teiges – sehr stark variieren. Wenn Sie auf Ihr Gewicht achten, entscheiden Sie sich am besten für vegetarische Pizzen, rollen Sie den Teig dünn aus und seien Sie sparsam mit dem Käse.

Probieren Sie doch auch einmal eine Füllung aus blanchiertem Wirsing und geräuchertem Forellenfilet.

Für den Quark-Öl-Teig:
125 g Magerquark
5 EL Rapsöl
5 EL Milch (1,5 % Fett)
1/2 TL Jodsalz
200 g Weizenmehl (Type 550)
3 EL Haferkleie
2 EL Sesamsamen
1/2 Pck. Backpulver

Für die Füllung:
4 Zweige frisches Basilikum
1 Zwiebel
1 Knoblauchzehe
1 TL Rapsöl
100 g Schafkäse (Feta)
100 g TK-Blattspinat, aufgetaut

Spinat-Schafkäse-Teigtaschen

Für 9 Stück • Zubereitungszeit: ca. 40 Min. • Backzeit: ca. 15 Min.
pro Stück ca. 240 kcal, 10 g E, 11 g F, 24 g KH, 1,5 KH-P

1 Quark, Öl, Milch und Salz verrühren. Mehl, Kleie, Sesam und Backpulver mischen, zur Quarkmasse geben und alles mit den Knethaken zu einem Teig verarbeiten.

2 Die Basilikumblätter in dünne Streifen schneiden. Zwiebel und Knoblauch schälen, hacken; in einer beschichteten Pfanne im Öl andünsten. Den Schafkäse würfeln, mit dem Spinat zu den Zwiebeln geben, unter Rühren erwärmen, mit Basilikum, Salz und Pfeffer abschmecken. Den Backofen auf 200 °C (Umluft 170 °C; Gas Stufe 3) vorheizen.

3 Den Quark-Öl-Teig auf einer bemehlten Arbeitsfläche dünn ausrollen, 9 runde Teigkreise von etwa 10 cm Ø ausstechen. Je 1 Esslöffel Spinat-Käse-Füllung mittig auf jeden Kreis geben. Den Teig zusammenklappen und die Ränder mit den Zinken einer Gabel zusammendrücken. Die Taschen evtl. mit etwas Sesam bestreuen.

4 Das Backblech mit Backpapier belegen. Die Teigtaschen darauf setzen und im Ofen auf der mittleren Schiene etwa 15 Minuten backen.

Gemüsequiche

Für 12 Stücke • Zubereitungszeit: ca. 50 Min. • Backzeit: ca. 45 Min.
pro Stück ca. 240 kcal, 12 g E, 14 g F, 17 g KH, 1 KH-P

Für den Quark-Öl-Teig:
125 g Magerquark
5 EL Rapsöl
5 EL Milch (1,5 % Fett)
1/2 TL Jodsalz
200 g Weizenmehl (Type 1050)
1/2 Pck. Backpulver

Für den Belag:
1 Bd. junge Möhren
2 kleine Knollen Kohlrabi
1 Bd. Frühlingszwiebeln
10 g Diätmargarine
150 g gekochter Schinken
150 g Gouda (48 % Fett i. Tr.)
3 Eier
200 g saure Sahne
etwas Salz, Pfeffer, Muskat

1 Den Quark in einer Schüssel mit Öl, Milch und Salz verrühren. Mehl und Backpulver mischen, zur Quarkmasse geben und alles mit den Knethaken zu einem geschmeidigen Teig verarbeiten.

2 Die Möhren, die Kohlrabi und die Frühlingszwiebeln putzen. Möhren und Kohlrabi schälen, die Möhren in etwa 3 cm lange Stücke schneiden, den Kohlrabi in 1 cm breite und 3 cm lange Stifte. Die Frühlingszwiebeln ebenfalls in etwa 3 cm lange Stücke schneiden. Etwa 1 EL Margarine in einem Topf erhitzen, Möhren- und Kohlrabistücke sowie etwa 1 TL Wasser hinzugeben und das Gemüse etwa 20 Minuten bei geschlossenem Deckel dünsten. Die Frühlingszwiebeln nach 10 Minuten dazugeben und mitdünsten.

3 Den Schinken würfeln, den Gouda reiben. Für den Guss die Eier verquirlen, die saure Sahne und etwa 50 g geriebenen Käse unterrühren. Alles kräftig mit Salz, Pfeffer und Muskat würzen.

4 Den Backofen auf 200 °C (Umluft 170 °C; Gas Stufe 3) vorheizen. Den Boden einer Quicheform (30 cm Ø) mit Backpapier auslegen und dieses mit etwas Margarine einfetten. Den Teig rund ausrollen, in die Form legen und den Rand andrücken. Gemüse und Schinken auf den Boden verteilen. Den Guss darüber geben, gleichmäßig mit dem restlichen Käse bestreuen. Die Quiche auf der mittleren Schiene etwa 45 Minuten backen.

Tipp

Wenn Sie den Guss mit einem kräftigen Blauschimmelkäse abschmecken, wird diese milde Quiche würziger.

Anstelle von Artischocken können Sie auch Spargel, Fenchel oder Brokkoli verwenden. Blanchieren Sie das Gemüse jedoch zuvor.

Für den Mürbeteig:
200 g Weizenvollkornmehl
1/2 TL Jodsalz
1 Ei
100 g Diätmargarine
etwas Öl für die Förmchen

Für den Belag:
60 g geräucherter Lachs
1 Dose Artischockenherzen (220 g Abtropfgewicht)
2 Eier
150 g Joghurt (1,5 % Fett)
1 EL fein geriebener Meerrettich
etwas Jodsalz
etwas schwarzer Pfeffer
60 g Gouda (48 % Fett i.Tr.)

Artischocken-Lachs-Quiches

Für 6 Stück • Zubereitungszeit: ca. 30 Min. • Kühlzeit: ca. 30 Min. • Backzeit: ca. 20 Min.
pro Stück ca. 340 kcal, 13 g E, 20 g F, 22 g KH, 2 KH-P

1 Mehl, Salz und Ei in eine Schüssel geben. Die Margarine in Flöckchen dazugeben. Das Ganze mit den Knethaken eines Handrührgeräts oder einer Küchenmaschine zu einem geschmeidigen Teig verarbeiten. Den Teig mit den Händen zu einer Kugel formen. Die Teigkugel in Frischhaltefolie einschlagen und etwa 30 Minuten kalt stellen.

2 Den Lachs in feine Streifen und die Artischockenherzen in Scheiben schneiden. Eier, Joghurt, Meerrettich, Salz und Pfeffer miteinander verrühren. Den Backofen auf 180 °C (Umluft 150 °C; Gas Stufe 2) vorheizen. 6 kleine Quicheförmchen (10 cm Ø) mit etwas Öl einpinseln.

3 Den Teig in 6 gleich große Stücke teilen und diese zu etwa 12 cm großen Kreisen ausrollen. Die Böden in die Förmchen legen, einen Rand hochdrücken. Artischocken und Lachs auf den Böden verteilen . Die Eiermasse über die Füllung geben und glatt streichen. Den Gouda reiben und die Quiche damit bestreuen. Die Mini-Quiches im Ofen auf der mittleren Schiene etwa 20 Minuten backen.

Sauerkrautstrudel

Für 16 Stücke • Zubereitungszeit: ca. 50 Min. • Ruhezeit: 1–2 Std. • Backzeit: ca. 20 Min.
pro Stück ca. 110 kcal, 3 g E, 3 g F, 16 g KH, 1 KH-P

Für den Strudelteig:
220 g Weizenvollkornmehl
1/4 TL Jodsalz
2 EL Rapsöl
1 Eigelb
etwas zerlassene Butter
etwas Mehl für Arbeitsfläche und Hände
Backpapier für das Blech

Für die Füllung:
2 Zwiebeln
je 1 gelbe und rote Paprikaschote
1 EL Rapsöl
500 g Sauerkraut
1 Kartoffel
1 Dose Ananasstückchen, ohne Zuckerzusatz (140 g Abtropfgewicht)
3 EL Tomatenmark
etwas schwarzer Pfeffer aus der Mühle
etwas Jodsalz
4–6 Spritzer Tabasco

1 Das Mehl mit etwa 125 ml lauwarmem Wasser, Salz, Öl und Eigelb mischen. Alles zu einem elastischen Teig verkneten, diesen zu einer Kugel formen, mit etwas zerlassener Butter bestreichen, in Frischhaltefolie einwickeln und 1–2 Stunden bei Zimmertemperatur ruhen lassen.

2 Inzwischen für die Füllung die Zwiebeln schälen und fein hacken. Die Paprikaschoten waschen, putzen und fein würfeln. Das Öl in einem Topf erhitzen und die Zwiebeln darin glasig dünsten.

3 Das Sauerkraut zusammen mit den Paprikawürfeln hinzufügen und alles kurz schmoren lassen. Die Kartoffel schälen und fein raspeln, die Karoffelraspel unter das Sauerkraut mengen. Die Ananasstücke mit 100 ml Saft aus der Dose hinzufügen und das Ganze 15 Minuten garen, dann mit Tomatenmark, Pfeffer, Salz und Tabasco abschmecken.

4 Den Backofen auf 200 °C (Umluft 170 °C; Gas Stufe 3) vorheizen, ein Backblech mit Backpapier belegen. Den Teig auf einer bemehlten Arbeitsfläche dünn ausrollen. Dann den Teig mit bemehlten Händen ausziehen, dabei über die Handrücken ziehen, bis er hauchdünn ist (50 x 40 cm).

5 Die Füllung auf den ausgezogenen Teig geben, dabei ringsum einen 5 cm breiten Rand frei lassen. Diesen Rand umschlagen und den gefüllten Strudelteig aufrollen. Den Strudel mit der Naht nach unten auf das Blech legen. Den Sauerkrautstrudel im Ofen auf der mittleren Schiene etwa 20 Minuten backen.

Tipp

Legen Sie den Strudelteig zum Füllen am besten auf ein Geschirrtuch. Mithilfe des Tuches lässt sich der Strudel besser aufrollen.

Hackfleischkuchen

Für 10 Stück • Zubereitungszeit: ca. 40 Min. • Gehzeit: ca. 45 Min. • Backzeit: ca. 50 Min.
pro Stück ca. 240 kcal, 8 g E, 9 g F, 31 g KH, 2 KH-P

Für den Hefeteig:
400 g Weizenmehl (Type 550)
1 Pck. Trockenhefe
1 Prise Zucker, 1/2 TL Jodsalz
4 EL Rapsöl
200 ml Milch (1,5 % Fett)
Backpapier für die Form

Für den Belag:
2 Zwiebeln
1 grüne Paprikaschote
1 EL Rapsöl
250 g Rinderhackfleisch
1 Dose geschälte Tomaten (400 g)
100 g geriebener Emmentaler (45 % Fett i. Tr.)
etwas Jodsalz
etwas schwarzer Pfeffer

1 Das Mehl in eine Schüssel sieben, eine Mulde hineindrücken und die Hefe hineingeben. Den Zucker darüber streuen. Das Salz und Öl an den Rand der Schüssel geben. Die Milch erwärmen und dazugießen. Dann alles mit den Knethaken zu einem glatten Teig verarbeiten. Den Teig abgedeckt an einem warmen Ort gehen lassen, bis er sein Volumen fast verdoppelt hat.

2 Inzwischen für den Belag die Zwiebeln schälen und fein würfeln. Die Paprikaschote waschen, putzen und in kleine Würfel schneiden. Das Öl in einer Pfanne erhitzen, die Zwiebeln und das Hackfleisch darin anbraten und mit dem Tomatensaft ablöschen. Die Dosentomaten in Stücke schneiden und zusammen mit den Paprikawürfeln hinzufügen. Das Ganze offen etwas einkochen lassen.

3 Den Backofen auf 180 °C (Umluft 150 °C; Gas Stufe 2) vorheizen. Eine Springform (26 cm Ø) mit Backpapier auslegen. Den Hefeteig durchkneten und zu einer Platte von 30 x 60 cm ausrollen. Die Gemüse-Hack-Masse auf dem Teig verteilen. Den Emmentaler zur Hälfte darauf verteilen. Den Hefeteig von der breiten Seite aufrollen. Die Naht fest andrücken und die Rolle in etwa 4 cm breite Scheiben schneiden.

4 Die Teigstücke dicht an dicht nebeneinander in die Form legen und etwa 15 Minuten gehen lassen. Mit dem restlichen Käse bestreuen. Auf der mittleren Schiene etwa 50 Minuten backen.

Tipp

Bestreichen Sie den Hackfleischkuchen vor dem zweiten Gehen mit etwas Milch, dann wird der Teig saftiger.

Anstelle von Hefeteig können Sie die Zwiebelschnecken auch mit Quark-Öl-Teig zubereiten.

Für den Hefeteig:
300 g Weizenvollkornmehl
1 Pck. Trockenhefe
1 Prise Zucker
1/2 TL Jodsalz
100 g Kräuterfrischkäse »leicht«, (z. B. Philadelphia)
Backpapier für das Blech
Mehl für die Arbeitsfläche

Für den Belag:
2 Zwiebeln
1 EL Rapsöl
etwas Jodsalz
etwas schwarzer Pfeffer aus der Mühle

Zwiebelschnecken

Für 8 Stück • Zubereitungszeit: ca. 30 Min. • Gehzeit: ca. 50 Min. • Backzeit: ca. 20 Min.
pro Stück ca. 170 kcal, 6 g E, 5 g F, 24 g KH, 2 KH-P

1 Das Mehl in eine Schüssel sieben, in eine Mulde die Hefe hineingeben. Den Zucker darüber streuen, Salz und Frischkäse an den Rand geben. 150 ml lauwarmes Wasser dazugießen und alles mit den Knethaken eines Handrührgeräts oder einer Küchenmaschine zu einem glatten Teig verarbeiten. Diesen mit einem Tuch abgedeckt an einem warmen Ort etwa 30 Minuten gehen lassen, bis er sein Volumen fast verdoppelt hat.

2 Inzwischen für den Belag die Zwiebeln schälen und in feine Streifen schneiden. Das Öl in einer beschichteten Pfanne erhitzen. Die Zwiebeln darin glasig dünsten und mit Salz und Pfeffer kräftig würzen. Den Backofen auf 200 °C (Umluft 170 °C; Gas Stufe 3) vorheizen. Ein Backblech mit Backpapier auslegen.

3 Den Teig durchkneten, in 8 gleich große Portionen teilen und diese nacheinander in etwa 20 cm lange Stränge ziehen. Die Stränge auf einer bemehlten Arbeitsfläche schneckenhausartig aufrollen und auf das Blech setzen. Auf jeder Schnecke etwas Zwiebelmasse verteilen. Die Schnecken abgedeckt weitere 20 Minuten gehen lassen und dann im Ofen auf der mittleren Schiene etwa 20 Minuten backen.

Alphabetisches Rezeptverzeichnis

Abkürzungen

EL = Esslöffel (gestrichen)
TL = Teelöffel (gestrichen)
Pck. = Päckchen
Bd. = Bund
g = Gramm
l = Liter
ml = Milliliter
Ø = Durchmesser
cm = Zentimeter
gem. = gemahlen
TK- = Tiefkühl- …
Fett i. Tr. = Fett in der Trockenmasse
kcal = Kilokalorien
E = Eiweiß
F = Fett
KH = Kohlenhydrate
KH-P = Kohlenhydratportionen

Rezeptverzeichnis nach Kapiteln

Feine Torten

Einfache Kuchen

Kleines Gebäck

Beliebte Plätzchen

Pikantes aus dem Ofen

Im FALKEN Verlag sind zahlreiche Titel zum Thema »Essen und Trinken« erschienen.
Sie erhalten sie überall dort, wo es Bücher gibt.

Zum gleichen Themenbereich sind im FALKEN Verlag außerdem erschienen:
Für Diabetiker – Schnelle Küche (2755)
Für Diabetiker – Mediterrane Küche (2757)
Für Diabetiker – Süßspeisen und Desserts (2754)

Sie finden uns im Internet: **www.falken.de**

Dieses Buch wurde auf chlorfrei gebleichtem und säurefreiem Papier gedruckt.

Der Text dieses Buches entspricht den Regeln der neuen deutschen Rechtschreibung.

ISBN 3 8068 2756 7

Umschlaggestaltung: Peter Udo Pinzer
Layout: Anette Vogt (redsign, Stuttgart)
Redaktion: Birgit Hinsch
Lektorat: Claudia Schmidt, München
Gestaltung und Herstellung: GrafikDesign Reckels & Schneider-Reckels, Wiesbaden und Petra Becker
Rezeptfotos und weitere Fotos im Innenteil: Carsten Eichner, Hamburg;
FALKEN Archiv: Seite 10 (Arras), Seite 11 unten (Brettschneider)
Foodstyling: Jens Piotraschke, Hamburg

Reproduktion: Lithotronic, Frankfurt
Druck: Appl, Wemding

817 2635 4453 6271